GOTTESERFAHRUNG
UND WEG IN DIE WELT

WV

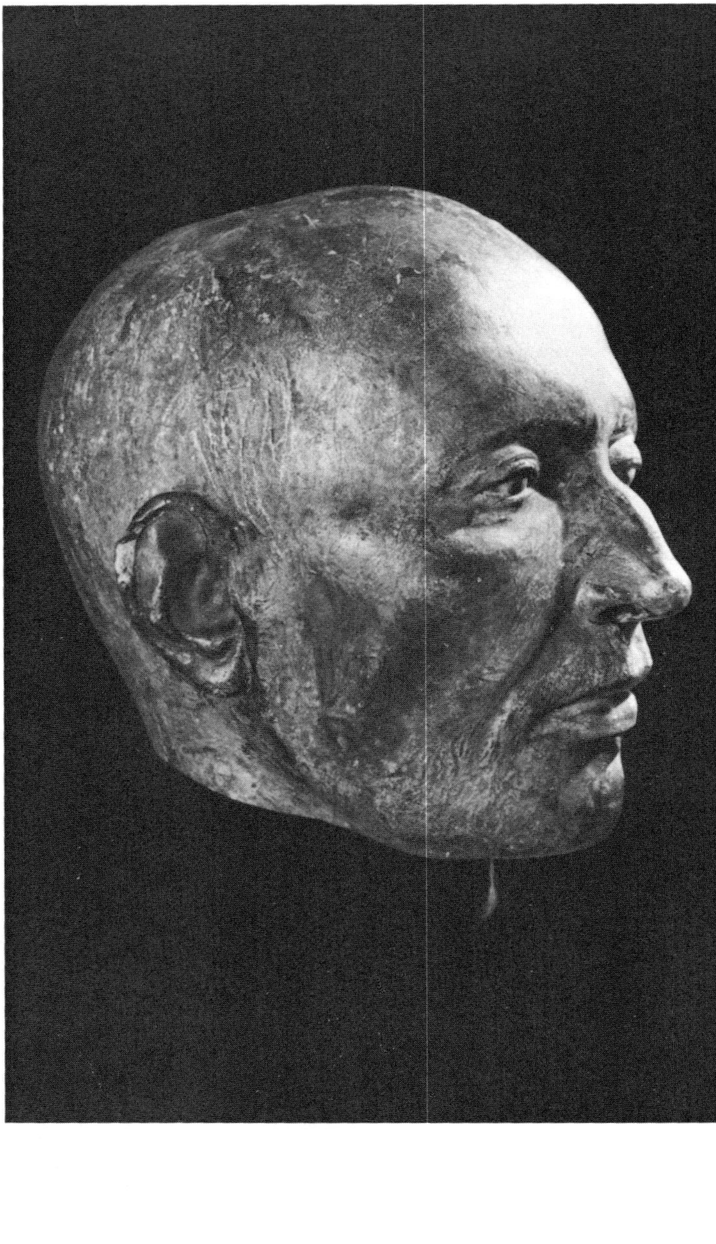

Ignatius von Loyola

«Gott suchen in allen Dingen»

HERAUSGEGEBEN VON
JOSEF STIERLI

WALTER-VERLAG
OLTEN UND FREIBURG IM BREISGAU

Die Abbildung zeigt Ignatius von Loyola
nach seiner Totenmaske. Aufnahme: Leonhard von Matt.

1. Auflage 1981

Gesamtherstellung in den grafischen Betrieben des Walter-Verlags
Printed in Switzerland

ISBN 3-530-39505-6

P. Hugo Rahner SJ
(1900–1968)
der mich schon in frühen Jahren
Ignatius von Loyola
kennen und lieben lehrte
zum Dank

INHALTSVERZEICHNIS

Fünftes Kapitel

Hilfen zur Praxis 201

VORWORT

Ignatius von Loyola erhält zu Recht einen Platz in der Reihe «Gotteserfahrung und Weg in die Welt», die den Reichtum christlicher Mystik aus vergangenen Jahrhunderten neu ins Licht heben und für das Leben des Glaubens fruchtbar machen will. Denn der wahre Ignatius ist mehr als ein kluger Organisator und mutiger Stratege. Hinter seinen Taten und Werken steht der reich begnadete Mystiker. Deshalb kann er auch nur von der mystischen Erfahrung her gültig gedeutet werden: «Man wird Ignatius nur verstehen, wenn man ihn dort schaut, wo er seinen ‹Schöpfer und Herrn› anrührt». (Hugo Rahner) [1] Und wenn es das besondere Anliegen dieser Reihe ist, den Weltbezug christlicher Mystik aufleuchten zu lassen, dann begegnet uns in Ignatius der große Lehrer eines «Weltdienstes aus mystischer Gottverbundenheit».

Andererseits sprengt dieser Mann den formalen Rahmen der Reihe: Man kann Ignatius von Loyola aus verschiedenen Gründen nicht in einem Textbuch gültig zur Sprache bringen.

Ein erstes Hindernis liegt in der Tatsache, daß alle bedeutsamen schriftlichen Zeugnisse seiner Mystik bereits in guten Ausgaben der letzten Jahrzehnte vorliegen. Ein neues Buch, das sich zur Hauptsache auf die Wiedergabe von Texten beschränken wollte (wie es das formale Programm der Reihe vorsieht), könnte nur zur Anthologie schon bekannter Worte werden.

Die tiefere Schwierigkeit gründet in der Person des Ignatius. Er selber sträubt sich entschieden gegen den Versuch, seinen Geist in ein Textbuch einzufangen.
Das liegt einmal daran, daß er ein völlig unliterarischer Mann ist, der «die Feder zeitlebens nur mit schwerer Mühe führt» und «sich hinter den ungeschickt schüchternen Sätzen seiner Geistlichen Übungen und der wie aus rauhen Blöcken aufgetürmten Ordensverfassung der Gesellschaft Jesu verbirgt».[2] Das spröde Wort des Ignatius gibt nur stockend Zeugnis von seinem Geist. Seine mühsamen Sätze hinken hinter seinem Werk her.
Damit ist schon der tiefste Grund für diesen Widerstand angerührt: Ignatius war immer und ganz ein Mann der Tat, nicht des Wortes. Er charakterisiert sich selber mit einer Bemerkung am Ende der Exerzitien: «Liebe zeigt sich mehr in Werken als in Worten.»[3] So kann er auch nur von der Tat her gültig gedeutet werden. Sein Wort bildet nur die Legende dazu und stellt sich selbst wieder ganz in den Dienst des Werkes. Ignatius schreibt nicht wie ein Augustinus «Confessiones» über seine Erfahrungen von Sünde und Gnade, sondern er will mit diesen Erfahrungen anderen helfen, daß auch sie Ähnliches erfahren können.
Diese Ausrichtung auf die Tat zeigt sich in allen wichtigen Texten, die hier zur Sprache kommen werden. Das Exerzitienbuch bietet Hilfen für den Prozeß der Geistlichen Übungen, die eine lebensgestaltende Wahl zum Ziel haben. Deshalb hat schon Ignatius selber gesagt, und seine Umgebung wird nicht müde, es zu wiederholen: Die Geistlichen Übungen sind kein Buch zum Lesen, sie sind Anleitung zum Tun. Der Bericht des Pilgers, der die Linien der göttlichen Führung im Leben des Ignatius nachzeichnet, will damit den Jüngern ein testamentarisches Geleit für ihr Handeln geben.

Die Satzungen der Gesellschaft Jesu dienen der individuellen und gemeinschaftlichen Verwirklichung einer Ordensidee, die selber wieder ganz auf das Werk des apostolischen Dienstes ausgerichtet ist. Die Geistlichen Briefe geben mit ihren Weisungen für das konkrete Leben einen praxisbezogenen Kommentar zu den Satzungen. Selbst noch die intimen Bekenntnisse des Tagebuchs sind ganz eingebunden in die Frage, wie die Armut im Orden gestaltet und gelebt werden soll.

Dieser Mann der Tat ist aber zugleich ein großer Mystiker – und erst, wenn diese Wahrheit zur Mitte seines Bildes wird, offenbart sich der unverfälschte Ignatius. So sehr er bestimmt ist von der werkorientierten Art des baskischen Volkes, viel stärker ist er geprägt durch die reiche mystische Erfahrung. Das baskische Erbe trägt freilich dazu bei, seiner Mystik den eigenständigen und unverwechselbaren Stempel aufzudrükken.

Tat und Mystik stehen bei Ignatius nicht unverbunden nebeneinander. Vielmehr wachsen seine Taten und auch alle auf das Tun hinzielenden Worte aus den tiefsten Wurzeln der mystischen Erfahrung. Das Feuer der mystischen Heimsuchung drängt zur Tat. Noch mehr: Mystik und Tat werden bei ihm zuinnerst eins. Darin unterscheidet sich die mystische Erfahrung des Ignatius von allen traditionellen Formen einer Kontemplationsmystik, wie sie von seinen Zeitgenossen Teresa von Avila und Johannes vom Kreuz in klassischer Weise gelehrt wird. P. Jerónimo Nadal, ein vertrauter Mitarbeiter des Ignatius, kennzeichnet dessen Mystik mit dem knappen und doch so bedeutsamen Wort «in actione contemplativus» – gottverbunden im Handeln. Da diese Tat aber immer auf den allumfassenden Dienst vor Gott zielt, ist die Mystik des Ignatius näherhin eine Mystik des Dienstes. Er selber hat dafür die Formel geprägt: «Wir sollen in allen Dingen Gott suchen.»

Dieses Grundwort des Ignatius will hier aufgeschlossen werden. Es wird den Kern und die Eigenart seiner Mystik enthüllen und sich als die einigende Motivkraft all seiner Taten offenbaren. Darüber hinaus will es zum eigenen Tun einladen. Denn erst im Nachvollzug wird das Wort des Ignatius richtig verstanden. Es will nicht nur begriffen, sondern gelebt werden.

EINFÜHRUNG

Um den Zugang zur geistlichen Gestalt des Ignatius von Loyola zu finden, wird hier zuerst mit ein paar Strichen die Geschichte seines Lebens nachgezeichnet. Vor diesem Bild stellt sich dann die Frage nach der aktuellen Bedeutung des Mannes und nach seinem Auftrag für heute. Schließlich sind die wichtigsten Quellen zu nennen, aus denen seine geistliche Lehre geschöpft werden kann.

Der biographische Rahmen

Iñigo López de Loyola, der sich in seiner Pariser Studienzeit Ignatius zu nennen beginnt, ist Sproß einer alten baskischen Adelsfamilie. Die Herren von Loyola können ihren Stammbaum lückenlos bis ins Jahr 1180 zurück nachweisen. Sie sind stolz auf ihre grundsätzliche Treue zum Rey Católico, dem König von Kastilien – auch wenn sie gelegentlich mutwillig gegen ihn rebellieren.

Der Ritter

Iñigos Geburtsjahr 1491 ist ein Markstein in der Geschichte Spaniens. Mit dem Fall Granadas wird die jahrhundertelange Herrschaft der Mauren gebrochen – bei dieser letzten Entscheidung kämpft Iñigos Vater an der Seite des Königs. Mit der wiedergewonnenen Freiheit findet Spanien auch zur nationalen Einheit. Durch die Ehe Ferdinands von Kastilien mit Isabella von Aragon verbinden sich die beiden bisher rivalisierenden Königshäuser. Noch mehr: Ein Jahr nach Iñigos Geburt wird der kühne Christoph Columbus Amerika entdecken, und bald beginnt die große Conquistá, die für Spanien ein Weltreich gewinnt.

In der Kirche Spaniens trägt die Reform des Kardinals Cisneros, genährt aus franziskanischer Inspiration, ihre Früchte. Die alten und neuen Orden ziehen mit den Eroberern in die eben entdeckte Welt, um dort das Evangelium zu verkünden. Manchmal erscheinen sie im Bund mit den Conquistadoren, noch öfters stehen sie im Widerspruch zu ihnen, weil sie sich gegen die Ausbeuter für die Eingeborenen zur Wehr setzen. Las Casas, der Dominikaner, ist das leuchtende Symbol solchen Widerstandes.

Aber auch das gehört zur Zeit Iñigos: Immer noch droht die Türkengefahr aus dem Osten. Und bald zerbricht in der Reformation die Einheit der abendländischen Kirche. Luther und Ignatius sind Zeitgenossen, und sie werden im Innersten von der gleichen Leidenschaft für die Reform der so tief gesunkenen Kirche getrieben, nur die Wege, die sie dazu einschlagen, sind verschieden.

Es ist eine entscheidungsvolle Zeit, in die hinein Iñigo geboren wird, und er wird sich von ihr fordern lassen. «Er war schon von Abstammung ein adeliger Mensch aus einem der führenden Häuser seines Landes, und so war er, was die Naturanlage betrifft, schon in der Welt genial und klug zugleich, lebendig und glühend, dem Waffenwerk zugetan und den Dingen, die schwierig sind.» So wird 1547 sein Freund Diego Laínez über ihn schreiben.[4]

Der Vater bestimmt Iñigo, das dreizehnte Kind, in patriarchalischer Selbstherrlichkeit für den geistlichen Stand. Das war der gewohnte Weg, auf dem nachgeborene Söhne und Töchter der Fürstenhäuser standesgemäß versorgt wurden. Aber Iñigos eigene Pläne gehen schon früh nach anderen Zielen. «Obwohl er im elterlichen Haus auf adelige Weise erzogen wurde, konnte er den Studien gar nichts abgewinnen, sondern es glühte in ihm bald eine Art von adeligem Feuer auf und er dachte an nichts anderes mehr, als sich auszuzeichnen im soldatischen Ruhm.» So wird Nadal später in seinen «Dialogen» schreiben.[5] Daß solcher Ruhm nicht spielend zu gewinnen ist, weiß Iñigo: Schon sind drei seiner älteren Brüder auf verschiedenen Schlachtfeldern gefallen.

Mit fünfzehn oder sechzehn Jahren kommt Iñigo nach Arévalo in die fürstliche Hofhaltung des Don Juan Velásquez de Cuellar, des Oberhofmeisters der Könige von Kastilien. Hier wird er im besten höfischen Geist seiner Zeit erzogen. Er entwickelt sich zum begeisterten Reiter und Fechter, aber es erfaßt ihn auch das Fieber der modischen Amadisromane mit ihrer Traumwelt von Rittertum und Liebe. Höhepunkte im Leben des Pagen und jungen Ritters Iñigo sind immer die Zeiten, da Velásquez mit seinen Leuten zum Dienst beim König verpflichtet ist.

Nach dem Tod König Ferdinands verliert Don Velásquez sein hohes Amt und stirbt 1517 aus Gram über seinen Sturz. So muß sich Iñigo einen neuen Herrn suchen. Er wird Offizier in der Leibgarde des Herzogs Don Antonio Manrique de Nájera, seit 1516 Vizekönig von Navarra, diesem ständigen Zankapfel zwischen Frankreich und Spanien. Bald wandelt sich das fröhliche Spiel der Turniere zum blutigen Ernst des Krieges. Zuerst steht Iñigo im innerspanischen Kampf gegen die aufständischen Comuneros. Hier kann er auch ein erstes Mal seine diplomatischen Fähigkeiten unter Beweis stellen. Dann fällt Franz I. von Frankreich mit einem starken Heer in Navarra ein. Spaniens Nordgrenze ist nur schwach mit Truppen besetzt, und der Angreifer hat leichtes Spiel. Die letzte Festung, die in hoffnungsloser Lage noch standhält, ist Pamplona. Iñigo, in der Stunde höchster Not herbeigeeilt, ist die Seele des Widerstandes. Die vom Kommandanten der Zitadelle erbetenen Kapitulationsbedingungen sind schmählich. Iñigo widesetzt sich ihrer Annahme. Nun eröffnet die französische Artillerie den Sturm auf die Festung. Eine Kugel trifft Iñigo, zerschmettert ihm das eine Bein und verwundet auch das andere. Mit seinem Fall bricht der Widerstand der Verteidiger zusammen. Es ist Pfingstmontag, der 20. Mai 1521. Der siegreiche Eroberer läßt den Schwerverwundeten auf das väterliche Schloß bringen. Die Knochen des Beines sind schlecht eingerichtet, zwei neue Operationen werden notwendig. In der Nacht zum Fest des von ihm verehrten Apostels Petrus (29. Juni) ist er dem Tode nahe. Doch der ungebrochene Lebenswille trägt den Sieg davon.

Der Pilger

Die langen Wochen im Streckbett leiten bei Iñigo jenen inneren Prozeß ein, den man seine Bekehrung nennt. Es war nicht eine Heimkehr aus dem Unglauben, sondern Umkehr aus der Sünde, wie es Polanco, sein späterer Sekretär, in der Skizze zur Ignatiusbiographie präzisiert: «Obwohl er dem Glauben treu ergeben war, lebte er nicht nach den Geboten des Glaubens und hütete sich nicht vor Sünden; besonders mutwillig war er im Glücksspiel und mit Frauengeschichten, ebenso in stürmischen Waffenhändeln.»[6]

In seiner Langeweile verlangt er nach Ritterromanen, wie er sie einst in Arévalo mit glühender Phantasie gelesen hat. Doch auf der nüchternen Burg Loyola finden sich nur zwei fromme Werke, die Doña Magdalena de Araoz, die Gattin seines älteren Bruders Martín, in die Ehe mitgebracht hat. Das eine ist die berühmte Heiligengeschichte «Flos Sanctorum», auch «Legenda Aurea» genannt, des Dominikaners Jacobus a Voragine (gest. 1297 als Erzbischof von Genua) in der kastilischen Übersetzung des Gundisalvo de Ocaño, das andere die vierbändige «Vita Jesu Christi» des Kartäusers Ludolf von Sachsen, die der Franziskaner Ambrosio de Montesino ins Kastilische übertragen hat.
Die Lektüre der beiden Bücher und das eigene Überlegen führen Iñigo allmählich zum Wandel seiner bisherigen Lebensideale. In den Heiligen entdeckt er ein neues, geistliches Rittertum. Vor allem sprechen ihn die Geschichten des Dominikus und des Franz von Assisi an, dazu der sonderbare Wüstenvater Onufrius. Im Bericht des Pilgers erinnert er sich an die eigenen Überlegungen: «Wie wäre es, wenn ich all das täte, was der heilige Franziskus getan hat, oder das, was der heilige Dominikus tat?»[7] In Jesus Christus aber leuchtet ihm das Bild eines neuen, des wahren und höchsten Königs auf, in dessen Dienst er sich fortan auszeichnen will: «Señalarse mas en servicio» (sich mehr auszeichnen im Dienst) wird weiterhin sein Leitmotiv sein, nun aber vom irdischen auf den himmlischen König übertragen.
In der Folge verfaßt er aus dem «Leben Jesu» einen großen Auszug. Er erzählt davon im Bericht des Pilgers: «So machte er sich daran, mit großer Sorgfalt ein Buch vollzuschreiben, das ungefähr dreihundert ganz beschriebene Blätter in Quartformat enthielt – er konnte sich nämlich schon etwas im Haus herum bewegen –, und zwar schrieb er die Worte

Christi mit roter Tinte und die Unserer Lieben Frau mit blauer. Das Papier war fein geglättet und liniert. Und er schrieb mit schönen Buchstaben, da er sehr gewandt war in der Kunst des Schreibens.» Mit diesen Worten erinnert Ignatius 1553 mit minutiöser Genauigkeit an sein erstes Buch.[8] Der Auszug aus Ludolf von Sachsen ist für lange Jahre die Bibel des Ignatius. Leider ist das Buch verschollen, denn es wäre interessant nachzuforschen, wieviel er aus der «Vita Jesu Christi» für das Buch der Exerzitien verwendet hat: Es dürfte mehr sein, als man bisher angenommen hat, aber Iñigo gebraucht all diese Anleihen nur als Bausteine, die Architektur wird ganz sein eigenes Werk sein.[9]
In diesen Wochen macht er auch, ebenfalls angeregt durch Ludolf, die ersten Erfahrungen in der Unterscheidung der Geister. Er nimmt sich nach dem Vorbild der Heiligen «harte und schwere Werke» vor zur Buße für seine Sünden. Dann reift in ihm der Plan, ins Heilige Land zu pilgern, um dort sein künftiges Leben zuzubringen. Das ursprüngliche Motiv der Buße wandelt sich dabei immer mehr zur dankbaren Liebe für seinen neuen Herrn und König Jesus Christus.
Im Frühjahr 1522 bricht Iñigo, einigermaßen genesen, aber für sein ganzes Leben leicht hinkend, von Loyola auf. Im altehrwürdigen Benediktinerkloster auf dem Montserrat bereitet er sich drei Tage lang auf die Generalbeichte vor und übergibt sein bisheriges Sündenleben in die Verzeihung Gottes, die ihm der Mönch Juan Chanones im Sakrament vermittelt. Angetan mit dem Bettlergewand weiht er sich in der nächtlichen Ritterwacht zum 25. März durch die Vermittlung seiner neuen Señora Maria dem Dienst für Christus, den neuen König. Dann will er die Pilgerfahrt ins Heilige Land antreten. Die geplanten «paar Tage» im Städtchen Manresa werden zu zehn entscheidungsvollen Monaten. Hier wird

sein Herz in harten Nöten geläutert, und er erfährt die ersten großen mystischen Gnaden seines Lebens. Davon erleuchtet, erhält sein Streben ein neues Ziel. Er will fortan «den Seelen helfen» im apostolischen Dienst für seinen Herrn und dessen Reich.

In totaler Armut, einzig getragen vom Vertrauen auf Gottes Vorsehung, macht er 1523 die Pilgerfahrt ins Heilige Land. Dort wird ihm das Bleiben verweigert. Heimgekehrt reift ein neuer Entschluß: studieren und Priester werden, «um den Seelen besser helfen zu können».

Es beginnen die harten Jahre der Studien in Barcelona und dann auf den Hohen Schulen zu Alcalá und Salamanca. Dort sucht er – wieder ein neues Element auf dem Weg zu einem noch unbekannten Ziel – Freunde für sein Lebensideal in der Nachfolge des armen Jesus zu gewinnen. Die ersten apostolischen Versuche und die auffallende Gruppenbildung bringen ihn in Konflikt mit der Inquisition. Vor ihrem Verbot des apostolischen Wirkens weicht er nach Paris aus, bringt dort seine philosophischen Studien mit dem Titel eines Magister Artium recht erfolgreich zum Abschluß und beginnt mit der Theologie.

In Paris gelingt es ihm nach weiteren Mißerfolgen auch, endlich durch die Geistlichen Übungen einen festen Kreis von Jüngern zu gewinnen, seine «sechs lieben Freunde im Herrn». Trotz der Unterschiede von Herkunft und Charakter sind sie einander tief verbunden. Da ist der etwas schüchterne Savoyarde Pierre Favre und sein Zimmergenosse Francisco de Xavier, dann die beiden Freunde von Alcalá her, Diego Laínez und Alonso Salmerón, der eigenwillige Nikolaus Bobadilla und der Portugiese Simon Rodrigues. Gemeinsam geloben sie am 15. August 1534 auf dem Montmartre kirchenreformatorisch motivierte Armut und die Wallfahrt ins Heilige

Land, um, wenn möglich, dort ihr Leben im missionarischen Dienst einzusetzen. Ignatius hat den eigenen Palästinatraum auf die Jünger übertragen – aber auch gemeinsam werden sie an diesem Plan scheitern.

Die seit der übersteigerten Buße von Manresa erschütterte Gesundheit zwingt Ignatius 1535 zur Rückkehr in die Heimat. Dort benützt er die Zeit, die zu seiner Erholung gedacht ist, zu volksmissionarischem Wirken unter den Landsleuten und besucht die Familien seiner Freunde. Dann geht er nach Venedig, setzt dort privat die Theologiestudien fort und sucht «den Seelen zu helfen». Im Januar 1537 treffen auch die Freunde aus Paris, deren Zahl sich inzwischen um drei Gefährten vermehrt hat, in der Lagunenstadt ein. Am 24. Juni dieses Jahres empfangen Ignatius und jene aus dem Jüngerkreis, die noch nicht Priester sind, die heilige Weihe. Im Warten auf die Fahrtgelegenheit ins Heilige Land bereiten sie sich in der Stille auf die Primiz vor und üben sich in der Predigt und in Werken der Caritas.

Doch der Sommer geht vorüber, ohne daß ein Pilgerschiff ausfahren kann. Denn zwischen Venedig und der Türkei droht der Krieg. So verteilen sich die Freunde auf die Universitätsstädte zwischen Padua und Rom, um sich den Winter über im apostolischen Dienst einzusetzen und neue Gefährten zu gewinnen.

Im Frühjahr 1538 ruft sie Ignatius nach Rom. Das Wartejahr, das sie sich in Paris ausbedungen haben, ist vorbei, die Wallfahrt endgültig gescheitert. Der inzwischen ausgebrochene Krieg macht jede weitere Hoffnung für die nächste Zeit zunichte. So kommt der Zusatz ihres Gelübdes vom Montmartre zum Zug: Für den Fall, daß sie ihre Heilig-Land-Pläne nicht ausführen könnten, wollten sie sich dem Papst zur Verfügung stellen, «damit er sie dorthin sende, wo nach seinem Urteil dem Reich Gottes besser gedient wäre». Diese Übergabe an Papst Paul III. geschieht nach dem glücklichen Abschluß eines letzten – des neunten! – Inquisitionsverfahrens gegen Ignatius endlich zwischen dem 18. und 23. November 1538. Paul III. macht von dem Angebot Gebrauch und gibt in der Folge auch Aufträge, die mehrere der Freunde nach auswärts führen: Siena und Parma stehen an erster Stelle, aber schon drängen die Gesuche um Missionare für Indien. Damit wird der Kreis um Ignatius vor die Frage seiner Zukunft gestellt. Von der Mitte der Fastenzeit bis zum 24. Juni 1539 beraten sie darüber in ihrer gemeinsamen Wohnung, dem Frangipanihof. Aus ihren Überlegungen reift der einstimmige Beschluß, dem Freundeskreis einen dauernden und festen Halt zu geben, indem sie ihren losen Bund zur Körperschaft eines ganz dem apostolischen Dienst geweihten Ordens umgestalten. Das ist die Geburtsstunde der «Gesellschaft Jesu», wie sie ihre Gemeinschaft nennen.

Der Vater

Damit beginnt der letzte Abschnitt im Leben des Ignatius. Im Auftrag der Freunde, gestützt auf die gemeinsamen Beratungen, entwirft er im Sommer 1539 die «Fünf Kapitel», die den Grundriß des neuen Ordens umschreiben. Mit der Bitte um die kirchliche Anerkennung wird das Dokument durch den befreundeten Kardinal Contarini dem Papst übergeben. Dieser zeigt sich dem Vorhaben gewogen, aber in der Kurie werden Bedenken laut gegen eine neue Ordensgründung. Durch ein volles Jahr muß Ignatius mit diesen Widerständen ringen. Am 27. September 1540 erfolgt endlich mit der Bulle «Regimini Militantis Ecclesiae» die offizielle Approbation

der «Compañía de Jesús». Die Beschränkung auf sechzig Mitglieder – ein Kompromiß, der den Erfolg erst möglich gemacht hat – wird schon 1543 fallen.
Im April 1541 ist es endlich möglich, die Mehrzahl der Freunde von ihren Arbeitsfeldern nach Rom zu rufen und die Wahl des ersten Obern vorzunehmen. Drei der Fehlenden haben ihre Stimme schriftlich eingesandt. Ignatius hat für diesen Akt ein feierliches Ritual festgelegt. Zuerst widmen sie sich drei Tage dem Gebet. Dann wird am 6. April die geheime Wahl vollzogen. Wieder folgen drei Gebetstage, bis am 9. April die Stimmen eröffnet werden. Mit Ausnahme der eigenen Stimme lauten alle Voten auf Ignatius. Doch dieser hat Mühe, die Wahl anzunehmen und verweist die Freunde auf seine vielen Sünden. Von neuem geben sie sich drei Tage dem Gebet hin. Am 13. April erfolgt der zweite Wahlgang. Wieder das gleiche Ergebnis. Selbst jetzt kann sich Ignatius noch nicht zur Annahme entschließen. So legen sie die Entscheidung in die Hand seines Beichtvaters, eines Franziskaners in San Pietro in Montorio. Vor ihm legt Ignatius eine Beichte über sein ganzes Leben ab, um seine Unwürdigkeit offen darzulegen. Doch der Beichtvater entscheidet auf Annahme der Wahl. Ihm, dem Vertreter der amtlichen Kirche, fügt er sich und gibt am 19. April seine Zustimmung. Am Morgen des 22. April 1541 legen Ignatius und seine Jünger in St. Paul vor den Mauern Roms die feierlichen Profeßgelübde ab. Damit ist der neue Orden endgültig konstituiert.
Durch fünfzehn Jahre leitet Ignatius die rasch wachsende Gemeinschaft, müht sich um die organisatorischen Strukturen, sorgt sich um das geistige Leben der ihm anvertrauten Jüngerschar und lenkt die immer weiter ausgreifenden apostolischen Unternehmen. Bald wirken seine Söhne in ganz Europa, die Mission in Brasilien wird gegründet, ein groß ange-

legter Abessinienplan vorbereitet. Franz Xaver organisiert als genialer Pionier die asiatische Mission: Er beginnt mit Indien, stößt zu den Molukken vor, bringt das Evangelium als erster nach Japan und steht vor den Toren Chinas, als ein früher Tod ihn 1552 fällt. In seiner kleinen römischen Kammer aber müht sich Ignatius mit dem Entwurf für die Satzungen des Ordens ab. Diese größte Sorge durchzieht die ihm noch verbleibenden Jahre. Daneben gründet und leitet er persönlich verschiedene apostolische Werke, die sich um gesellschaftliche Randgruppen sorgen: das Martahaus für Prostituierte, die ihr bisheriges Leben aufgeben wollen, ein Heim für jüdische Katechumenen und die Sorge um die verwahrloste Gassenjugend Roms. In all diesen Arbeiten, zu denen noch heikle diplomatische Missionen im Auftrag des Papstes kommen, ist Ignatius oft und lang gehindert durch Krankheit. Ein chronisches Gallenleiden verfolgt ihn mit Intervallen seit Manresa und wird von den Ärzten schrecklich verkehrt behandelt. Seine Umgebung hat sich derart an diese Krankheitszeiten gewöhnt, daß sie es nicht ernst nimmt, wie er Ende Juli 1556 vom Sterben spricht. So geht Ignatius in der Frühe des 31. Juli 1556 in einem leisen Tod zu seinem Gott heim. Auf den schlichten Stein im Kirchlein der Madonna della Strada schreiben die Jünger:

«Ignatius von Loyola, dem Gründer und ersten Generalvorsteher der Gesellschaft Jesu, setzen diesen vorläufigen Stein seine Jünger und Söhne, die er in Christus gezeugt hat, als ihrem geliebten und besten Vater. Er starb im Herrn im 65. Jahr seines Lebens, im 16. Jahr nach der Gutheißung seines Ordens durch den Apostolischen Stuhl, nachdem er ihn zu seinen Lebzeiten in Gottes Kraft über den ganzen Erdkreis ausgebreitet hatte, im Jahre des Heiles 1556, am Tag vor den Kalenden des August.»[10]

Ignatius aber lebt und wirkt weiter in den beiden wichtigsten Werken, die er der Kirche und in ihr der Welt geschenkt hat: im Buch der Geistlichen Übungen und im Orden der Gesellschaft Jesu. Mit beiden hat er die innere und äußere Geschichte der Kirche mitgestaltet.

Zur Aktualität des Ignatius

Mehr als vier Jahrhunderte trennen uns von der Zeit des Ignatius. Zudem spricht dieser unliterarische Mann eine Sprache, die noch weithin von der Gedankenwelt des ausklingenden Mittelalters geprägt ist. Kann er deshalb mehr als bloß historisches Interesse beanspruchen? Oder kündet er vielleicht trotz dieses Abstandes eine Botschaft für heute? Hat er eine Antwort auf die Fragen unserer Zeit und eine Hilfe für ihre Nöte?

Die Erfahrung lehrt, daß zeitliche Distanz nicht zu geistiger Fremdheit werden muß. Spricht nicht zum Beispiel ein Augustinus von Hippo manche Anliegen des heutigen Menschen an? Und findet nicht Franz von Assisi über die Jahrhunderte hinweg gerade in unserer Zeit ein lebhaftes Echo auf seine Botschaft? Fällt da vielleicht auch Ignatius von Loyola eine solche überzeitliche Sendung für unsere Gegenwart zu? Steht er uns gar näher als vergangenen Jahrhunderten und ist deshalb unsere Zeit offener für seinen Ruf? Hat also Karl Rahner doch recht mit seiner Ansicht, der wahre Ignatius finde erst heute zu seiner vollen Aktualität und in seinem Eigentlichsten sei er noch am Kommen?[11]

Zwei kurze Hinweise wollen eine erste Antwort auf diese Fragen andeuten.

Ein Erstes: Ignatius steht an der Schwelle zur Neuzeit, deren Ende wir heute in radikaler Weise erleben. Er ist Zeuge des Bruchs der mittelalterlichen Einheit von Wissen und Glauben, von Kirche und Welt, von religiösem Bekenntnis und profanem Leben. Dieser Prozeß der Säkularisierung ist heute zu seinem schärfsten Ausdruck fortgeschritten. Nicht nur die Kirche und ihre Autorität werden in Frage gestellt, sind für viele schon gar keine Frage mehr. Der Glaube selbst ist nicht nur in einzelnen Aussagen, sondern in seinem tragenden Fundament erschüttert. Dabei sind die Künder des Gaubens nicht unschuldig an dieser Krise, die tief in die Christenheit hineingreift. Haben sie nicht das Credo auf eine intellektuelle Zustimmung zu nicht einsichtigen Sätzen reduziert und es dadurch seiner lebensgestaltenden Kraft beraubt? Haben sie nicht zu sehr – im Widerspruch zum Evangelium – Gebote und Verbote gepredigt und darob die herrliche Freiheit der Kinder Gottes aus der Frohen Botschaft vergessen? Finden nicht auch deshalb so viele neue Heilslehren ein williges Gehör und begeisterte Gefolgschaft?
Da kommt in Ignatius von Loyola ein Mann, der nicht nur selber aus der Tiefe des Glaubens lebt, sondern der auch zeigt, wie dieser Glaube auf neue – seine ursprüngliche – Weise das Leben formen und umgestalten kann, nicht nur in einem abgegrenzten religiösen Bezirk, sondern in all seinen Bereichen. In ihm tritt einer in diese Zeit, der die Welt liebt, weil er ihren «Schöpfer und Herrn» liebt; der praktisch lehrt, wie man ganz Christ sein kann in einer «weltlichen Welt»; und der uns vorlebt, wie aller Weltdienst zum Gottesdienst werden kann.
Ein Zweites: Die Zeit, in der Ignatius von Loyola steht, ist gekennzeichnet durch die Wende vom Objekt zum Subjekt. Dabei ist er nicht nur Zeuge dieses Vorgangs. Vielmehr hat er

mit seinen Geistlichen Übungen schöpferisch in diesen Prozeß eingegriffen. Nicht umsonst steht in der Mitte seines Menschenbildes die Freiheit. Freilich ist es nicht eine autonome Freiheit, sondern sie ist in Gottes Willen hinein gebunden, gelangt aber gerade in solcher Bindung zu ihrer wahren Reife.
Weiter spricht sich bei Ignatius die Wende zum Subjekt aus in seiner praktischen Überzeugung, daß der einzelne nicht nur unter einem allgemeinen Gesetz Gottes steht, sondern daß es für ihn einen je eigenen, unvertauschbaren Ruf und Auftrag Gottes gibt. Diesen je eigenen und einmaligen Weg des Lebens zu finden, ist das zentrale Anliegen der Geistlichen Übungen mit ihren Weisungen für eine gute Lebenswahl.
Die Wende zum Subjekt zeigt sich heute in einer weiteren Tatsache: Die Volkskirche von gestern, in die man einfach hineingeboren wurde, wandelt sich in wachsenem Maß zur Entscheidungskirche, für die man sich aus eigenem Entschluß verpflichtet. Damit erhält das persönliche Gewissen seine ursprüngliche Rolle wieder zurück. Aber wie kann das Gewissen zu seiner wahren Freiheit finden, ohne in einen unverantwortlichen Subjektivismus zu entarten? Wie kann ein Christ fähig werden zur gültigen Gewissensentscheidung in der Grundorientierung und in der Alltagspraxis? Hier könnten die unverfälschten Exerzitien des Ignatius zu einer existentiellen Schule christlicher Entscheidung werden und den Weg weisen zur wahren Mündigkeit, ohne daß die Freiheit zur Willkür degeneriert. Leo Bakker hat das Anliegen signalisiert: «Bleibt diese Berufung auf das Gewissen nicht ein isolierter, ja sogar zur Verzweiflung führender Schrei, wenn keine Anweisung gegeben wird, wie man dieses eigene Gewissen in der rechten Weise bilden kann? Wir stehen vor den

drängenden Fragen unserer Zeit, zugleich aber vor dem, was den Kern der Geistlichen Übungen ausmacht.»[12]

Weiter: Wie findet sich der Christ heute zurecht in der Vielfalt der Meinungen, die auch in der Christenheit aufgebrochen ist und sich auf der Kanzel und in den Medien bekundet? Wie kann er die wahren Propheten von den falschen unterscheiden? Wie lernt er, in solchem Pluralismus gültig Stellung zu beziehen? Solche Fragen lassen ahnen, wie notwendig gerade heute eine wahre Unterscheidung der Geister geworden ist. Auch in dieser schwierigen Aufgabe will Ignatius ein Helfer sein mit seinen klugen Regeln der Unterscheidung, in denen sich die Tradition von Jahrhunderten mit den ureigenen Erfahrungen verbindet. Er war ein Mann der geistigen und geistlichen Witterung in der Vielfalt der Ansichten und Antriebe, ein Meister der Unterscheidung, die heute so not tut.

Die Geschichte des Ignatius spielt zwar im 16. Jahrhundert, aber seine Botschaft trifft mitten in die Fragen und Nöte unserer Zeit, wie es wieder Leo Bakker gesagt hat: «Ignatius war ein Mann der ihm vorausgegangenen Vergangenheit und zugleich seines eigenen Heute, ohne Zweifel. Unserer Meinung nach war er auch ein Mann der Zukunft, und zwar jener Zukunft, die erst in unserer Zeit wirklich zu werden beginnt.»[13]

Diese kurzen Hinweise zur Aktualität des Ignatius mögen genügen. Was er dem Menschen von heute sagen will, wird erst durch die folgenden Seiten vollends sichtbar. Und nur, wenn ein Mensch versucht, das Wort dieses Mannes im eigenen Leben nachzuvollziehen, wird er die Botschaft des Ignatius ganz verstehen.

Die Quellen

Ignatius wird hier vornehmlich mit seinen eigenen Worten zur Sprache kommen. Darum stellt sich schließlich die Frage nach den Quellen, aus denen seine Botschaft geschöpft wird.

Es mag widersprüchlich klingen, ist aber doch wahr: Abgesehen von der ersten Jesuitengeneration, die Ignatius noch persönlich erlebt hat, ist keiner Zeit der Zugang zu diesem Mann und seiner geistigen Welt derart weit erschlossen gewesen wie unserer Gegenwart. Die MONUMENTA HISTORICA SOCIETATIS JESU haben in über hundert Bänden alle bedeutsamen Dokumente der Gründungszeit des Ordens veröffentlicht. Sie bilden die wichtigste Quelle für eine wachsende Fülle von Studien über Ignatius und sein Werk, die uns in den letzten Jahrzehnten geschenkt wurden.

In den Dokumenten der MONUMENTA HISTORICA finden sich vier Texte, in denen Ignatius von Loyola selber zur Nachwelt spricht. Sie sind gleichzeitig Zeugnis seiner Mystik und Ausdruck seiner geistlichen Lehre.

Nicht nur in der geschichtlichen Abfolge der Niederschrift, sondern wegen seiner Bedeutung für die Jahrhunderte steht an erster Stelle das *Buch der Geistlichen Übungen.* Es ist eine praktische Handreichung für die Begleitung von Exerzitien. Seine nüchternen Sätze und die in ihnen ausgesprochene Methode sind geschöpft aus einer doppelten Quelle: aus den mystischen Gnaden, die Ignatius geschenkt wurden, und aus der Erfahrung, die er im eigenen geistlichen Leben und bei der Führung von Menschen machte. Angereichert und kritisch überprüft wird solche Erfahrung durch die Erkenntnisse seiner theologischen Studien. Zur Redaktion des Buches überliefert P. da Câmara das eigene Wort des Ignatius: «Er habe die Geistlichen Übungen nicht in einem Zug niedergeschrieben, sondern zunächst nur einige Punkte, die er in seinem Inneren beobachtete und die er nutzbringend fand. Er habe geglaubt, sie könnten auch für andere Menschen von Nutzen sein, und daher habe er sie zu Papier gebracht.»[14] Der Grundstock der Exerzitien geht auf die Zeit von Manresa (1522/23) zurück. Einen wesentlichen Beitrag fügten die Pariser Studienjahre (1528/35) hinzu. Abgeschlossen wurde der Text, an dem Ignatius ständig feilte, erst in der Zeit der Ordensgründung (1539/41). Das Buch, dessentwegen er öfters von der Inquisition verdächtigt wurde, erhielt 1548 die offizielle Approbation der Kirche.

An zweiter Stelle stehen die persönlichen Aussagen des Ignatius, die am sinnvollsten mit dem Titel *Der Bericht des Pilgers* bezeichnet werden. Man hat sie – unexakt – auch Lebenserinnerungen des Ignatius oder seine Selbstbiographie genannt. Diese Texte sind 1553 und 1555 auf inständige Bitten aus dem ersten Jüngerkreis entstanden. P. Nadal, der wichtigste Mitarbeiter des Ignatius, hat ihr Anliegen im Vorwort ausgesprochen: «Ich bat ihn [Ignatius] sehr eindringlich, er möchte uns doch darlegen, auf welche Weise ihn Gott vom Anfang seiner Bekehrung an geführt habe, damit dann dieser Bericht uns als Vermächtnis und väterliche Unterweisung nützlich sein könnte.»[15] «Wie Gott ihn geführt habe» ist das Grundmotiv dieses Berichtes, der eine Art geistliches Testament für den Orden sein sollte. Denn es war die feste Überzeugung im Jüngerkreis des Ignatius, daß sich im Urbild des Stifters die Grundlinien des Ordens abzeichnen und daß seine wesentlichen Gnaden auch dem Orden zugedacht seien. Nadal kann sich für diese Überzeugung auf Ignatius berufen: «Ich habe es von unserem Vater selbst vernommen: Wenn

Gott einen zum Ursprung eines Ordens erwählt, führt er ihn auf die gleiche Weise, wie jener die anderen führen soll.» Immer wieder neu von der Bitte der Freunde bedrängt, hat Ignatius schließlich P. Luis Gonçalves da Câmara sein Leben zwischen den Jahren 1521 und 1537, also von der Bekehrung bis zur endgültigen Ankunft in Rom, erzählt. P. da Câmara, unter den Mitbrüdern bekannt für sein gutes Gedächtnis, hat sich im Anschluß an die Gesprächsrunden Notizen gemacht und das von Ignatius Erzählte einem Schreiber diktiert. «Ich habe mir Mühe gegeben, keine Worte niederzuschrieben als nur die, welche ich vom Vater gehört habe.»[16] Bald kursierten Abschriften des «Berichtes» im Kreis der ersten Jesuiten. Nadal besaß ein eigenes Exemplar, das er bei seinen geistlichen Konferenzen auf den vielen Visitationsreisen quer durch Europa ausgiebig benützte, um aus dem Leben des Ignatius den Geist des Ordens zu deuten. Unter dem Generalat des Franz Borja wurden alle Texte eingezogen und blieben seither dem Orden verschlossen, bis Kardinal Ehrle SJ Ende des 19. Jahrhunderts das Exemplar Nadals in der Vatikanischen Bibliothek wieder fand. Seine Publikation in den MONUMENTA HISTORICA diente als Grundlage für Übersetzungen in verschiedene Sprachen. So wissen wir heute aus erster Quelle, wie Ignatius einst von Gott geführt wurde.
Es gehört zur stilistischen Eigenart des Büchleins, daß Ignatius sich darin stets als «Pilger» bezeichnet und darum von sich nicht in der Ichform, sondern in der dritten Person spricht.
Den dritten Text bilden die *Satzungen der Gesellschaft Jesu.* Sie sind gleichermaßen organisatorisches Grundgesetz und geistliches Weggeleit des Ordens. Ihre Urform findet sich in den «Fünf Kapiteln», die Ignatius im Sommer 1539, nach dem Entschluß des Freundeskreises zur Gründung eines neuen

Ordens, niedergeschrieben hat. Als «Formula Instituti» sind sie, in einzelnen Punkten abgeändert, in den Hauptteil der Approbationsbulle «Regimini Militantis Ecclesiae» vom 27. September 1540 eingegangen. In diesem Dokument erteilte der Papst dem Ignatius und seinen Freunden Erlaubnis und Auftrag zur Abfassung von ausführlichen Satzungen. Die Hauptlast der Arbeit trug Ignatius, da die «Mitgründer» bald durch apostolische Aufträge überallhin zerstreut waren. Doch auch er kam nur mühsam voran. Die wachsenden Aufgaben in der Führung des jungen Ordens, häufige Krankheitsschübe und die große Gewissenhaftigkeit in der Lösung schwieriger Fragen hinderten ihn oft in diesem wichtigen Geschäft. Für ihn und die Sache war es ein Glück, daß er 1547 in dem versierten päpstlichen Kanzlisten P. Juan de Polanco einen tüchtigen Sekretär erhielt. Unter dessen speditiver Mitarbeit gelang es, bis 1550 einen vollständigen Entwurf der Satzungen abzuschließen. Diese Fassung wurde von den nach Rom gerufenen Freunden der ersten Stunde geprüft. Ihre kritischen Bemerkungen führten zu einer verbesserten Redaktion, die von 1552 an zur praktischen Erprobung in die Provinzen und Häuser des Ordens ging. Gesetzeskraft erhielten die Satzungen erst 1558, also nach dem Tod des Ignatius, durch die erste Generalkongregation. Die zehn Teile folgen dem Lebensweg des Jesuiten von der Aufnahme über die geistliche und wissenschaftliche Ausbildung bis zur endgültigen Eingliederung mit ihren Pflichten und zur apostolischen Sendung. Von der Gemeinschaft und ihrem Haupt handeln die folgenden zwei Teile. In einem kurzen Schlußkapitel faßt Ignatius wesentliche Grundsätze zur Erhaltung des Ordens im rechten Geist zusammen. Den Satzungen vorgespannt ist das «Examen Generale». Es enthält Texte rechtlichen und spirituellen Charakters, die den Kandidaten des

Ordens vorgelegt werden sollen und zur Prüfung ihrer Eignung dienen.
Ein kostbares Dokument aus der Zeit, da Ignatius mühsam am Entwurf der Satzungen arbeitete, ist sein *Geistliches Tagebuch* aus den Jahren 1544/45. Ignatius hatte es sich seit der Bekehrung zur Gewohnheit gemacht, eigene innere Erfahrungen schriftlich festzuhalten. Diese Aufzeichnungen sollten ihn an empfangene Gnaden erinnern und ihn zum Dank anregen, ihn aber auch zur Einlösung ihrer Verpflichtung mahnen. Von all diesen geistlichen Notizen ist uns nur ein Fragment erhalten – ob aus Absicht oder durch Zufall, bleibt eine offene Frage. Ignatius war in den ersten Monaten des Jahres 1544 mit der Armutsgesetzgebung des Ordens beschäftigt. Konkret rang er um die Frage, ob der Kompromiß des Freundeskreises aus dem Jahr 1541 endgültiges Ordensrecht werden sollte. Damals hatten die sechs aus der Gründergruppe, die in Rom über die Satzungen berieten, unter dem Druck der tatsächlichen Armut einstimmig, also mit Einschluß des Ignatius, entschieden, daß zwar für die Professen (die endgültig in den Orden eingegliederten Jesuiten) jedes feste Einkommen auszuschließen sei, hingegen dürfe die Sacristia (der Kirchenfonds) sichere Einkünfte haben, die auch für notwendige Dinge wie Hausunterhalt, Reisen, Krankenpflege, hingegen nicht für den Lebensunterhalt verwendet werden können. Ignatius war in der Folge nicht glücklich über diesen Abstrich an der vollen Armut des Ordens, der auch im Widerspruch zur Approbationsbulle stand. So fand er sich 1544 vor einer für ihn sehr schwierigen Wahl: Einerseits hatte er Respekt vor dem einstimmigen Entscheid von 1541, den er nicht von sich aus umstürzen wollte. Andererseits fühlte er sich noch mehr jenem Ruf Gottes zu totaler Armut verpflichtet, der ihn seit Loyola begleitete.

Vor diesem Dilemma stellte er im Januar 1544 im Sinn der Dritten Wahlzeit aus den Exerzitien Listen mit den Gründen für und gegen die eine und die andere Lösung zusammen. Nach reifer Abwägung aller Argumente traf er eine vorläufige Entscheidung zugunsten der ungeschmälerten Armut. Diese Wahl legte er nun während vierzig Tagen, vom 2. Februar bis zum 12. März, im Gebet Gott vor und erbat sich den göttlichen Entscheid darüber. Eben mit dem 2. Februar beginnen nun die Aufzeichnungen des erhaltenen Tagebuchfragmentes, und ihr Hauptteil endet mit dem 12. März. Im Zusammenhang mit der Wahlfrage der Armut hält Ignatius auch die reichen mystischen Erlebnisse dieser Wochen fest. Während im Anfang noch das Anerbieten der Armutsentscheidung vorherrscht, nehmen im Fortschreiten die Zeugnisse mystischer Erfahrungen immer mehr Raum ein. Zum größten Teil sind die empfangenen Gnadenerweise verknüpft mit der Feier der heiligen Messe. Diese Seiten des Tagebuchs, die einzig für ihn und seine Begegnung mit Gott gedacht waren, geben den tiefsten und intimsten Einblick in die Mystik des Ignatius.

Zum erhaltenen Schrifttum des Ignatius gehört schließlich seine Korrespondenz. Die MONUMENTA HISTORICA enthalten in zwölf Bänden an die 7000 Briefe und Briefauszüge, die entweder aus der Feder des Ignatius selbst stammen oder seit 1547 in seinem Auftrag und aus seiner Inspiration vom Sekretär Polanco geschrieben wurden. Der größte Teil dieser Korrespondenz befaßt sich mit den vielfältigen organisatorischen und personellen Fragen des Ordens und mit seinen vielseitigen apostolischen Unternehmungen. In dieser Fülle finden sich aber auch echte *Geistliche Briefe*. Sie zeugen von der auf das Leben orientierten Lehre des Ignatius und zeigen ihn als den großen und klugen Seelenführer. Otto Karrer hat

schon 1922 eine deutsche Ausgabe solcher geistlicher Briefe geschaffen. Hugo Rahner hat sie später neu herausgegeben und zusätzlich in einem großen Band den ganzen Briefwechsel des Ignatius mit Frauen veröffentlicht.[17]
Zu den Quellen einer aus mystischer Erfahrung gewonnenen geistlichen Lehre des Ignatius zählen auch die *Zeugnisse seiner Gefährten und nächsten Mitarbeiter.* Sie berufen sich entweder auf Aussagen, die ihnen der Vater selber gemacht hat, oder geben Erfahrungen wieder, die sie im Umgang mit ihm gewonnen haben. Das früheste Dokument dieser Art bilden die Erinnerungen des P. Diego Laínez, datiert vom 16. Juni 1547. Polanco, eben zum Sekretär des Ordensgenerals ernannt, hatte diesen Freund und Weggefährten des Ignatius aus der Pariser Studienzeit um Informationen zu dessen Biographie gebeten. Laínez diktierte nun am Schluß der Bologneser Periode des Konzils von Trient, an dessen Arbeit er als Theologe wesentlich Anteil hatte, seinem Freund Alonso Salmerón in Eile, was er aus Mitteilungen des Meisters und eigenen Erfahrungen als wissenswert ansah. Dieser lange, in historischen Einzelheiten nicht immer ganz zuverlässige Brief bildet die Grundlage aller späteren Ignatiusbiographien. Wertvolle Zeugnisse zur geistlichen Gestalt des Ignatius geben des weiteren der Sekretär P. Polanco, der durch neun Jahre am nächsten mit ihm zusammen war, ferner P. da Câmara, der den «Bericht des Pilgers» niedergeschrieben hat, und P. Manare, der als Verwalter des römischen Hauses ebenfalls zum nächsten Mitarbeiterkreis des Ignatius gehörte und über seine Beobachtungen ein ausführliches Tagebuch führte. Der Kronzeuge aus dieser Gruppe aber ist P. Jerónimo Nadal, der Vertrauensmann des Ignatius in einem doppelten Sinn: Denn dieser schenkte ihm reichen und tiefen Einblick in sein geistliches Leben, und er betraute ihn mit großen und heiklen

Aufgaben im Dienst des Ordens. So wurde Nadal zum besten Deuter des ignatianischen Geistes in der jungen Gesellschaft Jesu.
Hinter all diesen oft zufälligen, immer aber dürren Worten und Sätzen gilt es nun, das lebendige, von Gottes Liebe brennende Herz des Ignatius zu erspüren. Denn nur aus der Tiefe seines Herzens spricht uns der wahre Ignatius an.

Erstes Kapitel

DER MYSTISCHE WEG

Parallel zu seiner äußeren Geschichte geht Ignatius seit 1521 einen ebenso spannenden inneren Weg mystischer Erfahrungen. Von den überlieferten Zeugnissen her lassen sich in der Entwicklung der ignatianischen Mystik drei Schwerpunkte festhalten: Manresa (1522/23), das Jahr der Priesterweihe (1537) und die römische Zeit mit ihrem einzigartigen Ausdruck im Tagebuch (1544/45).

Das Vorspiel dazu bildet die erste Vision auf dem Krankenlager von Loyola, von der Ignatius im Pilgerbericht erzählt: «Als er einmal während der Nacht wach dalag, sah er klar ein Bild Unserer Lieben Frau mit dem heiligen Jesuskind; bei diesem Anblick empfand er für geraume Zeit ganz außerordentlichen Trost. Und ein solcher Abscheu vor seinem ganzen vergangenen Leben und besonders vor den Sünden des Fleisches erfüllte ihn, daß er vermeinte, aus seiner Seele seien alle Vorstellungen verschwunden, die er früher in sie eingeprägt hatte. Von jener Stunde an bis zum August 1553, da diese Zeilen geschrieben werden, gab er daher niemals mehr, auch nicht im geringsten, seine Zustimmung bei sinnlichen Versuchungen. Wegen dieser Wirkung läßt sich sagen, daß jene Vision von Gott gekommen ist.»[18] Diese umwandelnde Kraft des mystischen Erlebens wird fortan das typische Kennzeichen seiner Mystik sein: Alles Schauen wird zum Tun.

In der Zeit des Krankenlagers von Loyola findet sich auch

das erste Zeugnis einer Mystik der Schöpfung: «Und den größten Trost empfing er, wenn er den Himmel und die Sterne betrachtete, was er sehr häufig und jeweils lange Zeit hindurch tat. Denn dabei fühlte er in sich eine ganz große Begeisterung, unserem Herrn zu dienen.»[19] Auch hier spannt sich sofort die Brücke vom Betrachten zum Tun: Vorzeichen für die Grundlinie einer Mystik des Dienstes.

Manresa

Nach der Ritterwacht auf dem Montserrat «bog er vom geraden Weg ab zu einem Ort namens Manresa, wo er einige Tage lang im Armenspital zu bleiben gedachte; auch wollte er sich einiges in seinem Buch aufzeichnen, das er wohlverwahrt mit sich führte und das ihm auf der Reise großen Trost gewährte.»[20] Das Buch mit dem Auszug aus Ludolf von Sachsen hat also eine zusätzliche Funktion erhalten: Es dient ihm auch dazu, eigene geistliche Erfahrungen festzuhalten. Aus den paar Tagen, die er in Manresa bleiben will, werden zehn Monate (Ende März 1522 bis Februar 1523), das Buch der Aufzeichnungen wandelt sich zum Grundstock der Exerzitien, Iñigo selber wird im Feuer Gottes geläutert, um sich fortan auszuzeichnen im Dienst Christi.

Diese Manresazeit gliedert sich nach dem Pilgerbericht in drei eindeutig unterschiedene Abschnitte.

Es beginnt mit einer ruhigen Zeit von Gebet und Buße. «In Manresa bettelte er jeden Tag um Almosen. Er aß kein Fleisch und trank keinen Wein, selbst wenn man ihm welchen schenkte.»[21] Als Protest gegen die frühere Eitelkeit läßt er sein Äußeres verwildern. Täglich verbringt er sieben Stunden im Gebet. Er wohnt dem Hochamt, der Vesper und Komplet in der Dominikanerkirche bei «und er verspürte dabei großen Trost. Gewöhnlich las er bei der Messe die Leidensgeschichte»[22], wie er sie aus Ludolf in seinem Buch nachgeschrieben hat. «Er behielt auch die Gewohnheit bei, jeden Sonntag zu beichten und zu kommunizieren.»[23]

Die Nacht

Dann setzt die Periode der großen Anfechtungen ein. Sie wird eröffnet durch eine trügerische Schau: «Während seines Aufenthaltes im Armenspital erlebte er häufig, daß er am hellichten Tag irgend etwas nahe bei sich sah. ... Irgendwie schien es ihm, als ob es die Gestalt einer Schlange hätte mit vielen Punkten, die wie Augen aufleuchteten... Er hatte großes Gefallen und großen Trost beim Anblick dieser Erscheinung... Wenn aber jene Erscheinung verschwand, empfand er darüber großen Kummer.»[24] Erst im Licht der wahren mystischen Erfahrung erkennt er in dieser Erscheinung ein Trugbild und ist für immer davon befreit.

«In diesen Tagen nun... überfiel ihn übermächtig ein Gedanke, der ihm sehr zusetzte. Vor seine Seele traten nämlich die Schwierigkeiten seines derzeitigen Lebens, und es war, als ob jemand in seinem Innern zu ihm sagte: Wie wirst du ein derartiges Leben aushalten können während der siebzig Jahre, die du noch zu leben hast? Aber darauf erwiderte er, gleichfalls in seinem Innern, mit einer großen Entschiedenheit, denn er merkte wohl, daß die Frage vom bösen Feind kam: Du Elender, kannst du mir auch nur eine einzige Stunde, die ich noch zu leben hätte, wirklich zusichern? So überwand er die Versuchung und blieb innerlich wieder ruhig.»[25]

Doch die Ruhe dauert nicht lang. Bald gerät Ignatius in ein Wechselbad von Tröstung und Trostlosigkeit. «Einmal fand er sich so unlustig, daß er gar keine Freude mehr am Chorgebet, bei der Feier der Messe oder an anderen Gebetsübungen hatte, die er verrichtete. Und ein andermal überkam ihn wieder genau das Gegenteil von dem, und zwar so plötzlich, daß es ihn dünkte, die Traurigkeit und Trostlosigkeit seien ihm abgenommen worden, wie man einem anderen Menschen einen Mantel von dessen Schultern nimmt.»[26]

Nun überfallen ihn die Ängste des Gewissens. «Dabei hatte er nun viele Plagen mit Skrupeln auszustehen. Zwar war seine Generalbeicht, die er auf dem Montserrat abgelegt hatte, mit so viel Sorgfalt und sogar schriftlich vorbereitet gewesen. Aber immer wieder glaubte er, einige Dinge nicht gebeichtet zu haben, und das bedrückte ihn sehr. Auch wenn er dies und jenes in der Beicht nachholte, wurde er deswegen nicht ruhiger.»[27] So sucht er sich Rat bei geistlichen Männern. «Aber nichts konnte ihm helfen, auch nicht eine weitere Beicht, für die er alles aufgeschrieben hatte. Dadurch befand er sich in einem ganz niedergeschlagenen Zustand.»[28] Schließlich befiehlt ihm der Beichtvater, nichts mehr aus der Vergangenheit zu erwähnen, außer es handle sich um eine ganz eindeutige Sünde. «Da er jedoch alles aus der Vergangenheit für ganz eindeutig hielt, half ihm dieser Befehl also nichts, und er blieb weiterhin von seinen Skrupeln geplagt.»[29] Auch das beharrliche Gebet kann ihn nicht befreien aus dieser Qual, die nun schon durch mehrere Monate dauert. In seiner großen Bedrängnis schreit er laut zu Gott: «Hilf du mir, Herr; denn bei keinem Menschen und bei keinem Geschöpf kann ich irgendwelche Hilfe finden. ... Zeig du mir den Weg, Herr, wo ich Hilfe finden kann. Selbst wenn ich einem Hündlein nachlaufen müßte, um von ihm Hilfe zu bekommen, würde ich es sofort tun.»[30]

Die Not wird so groß, daß er zum Selbstmord versucht wird. «In dieser Seelenverfassung kamen ihm oftmals gar heftige Versuchungen, sich durch ein großes Loch, das im Boden der Zelle war, in die Tiefe zu stürzen.»[31] Da erinnert er sich eines Heiligen, «der ohne jede Speise blieb, um von Gott etwas zu erlangen, was er heiß ersehnte, und zwar so viele Tage lang, bis er erhört wurde».[32] So hält er eine ganze Woche das totale Fasten durch. Am folgenden Sonntag berichtet er dem Beichtvater davon. Dieser verpflichtet ihn zum Abbruch seiner Buße. Für zwei Tage hat er nun Ruhe. Doch dann überfallen ihn die Nöte heftiger als je zuvor. «Als Beschluß all dieser Gedanken überkam ihn das Gefühl des Abscheus vor dem Leben, das er jetzt führte, und zugleich ein starker Drang, es ganz aufzugeben. Das war das Mittel, mit dem ihn der Herr gleichsam aus einem tiefen Schlaf aufwecken wollte.»[33]

Damit schlägt für Ignatius die Stunde der Befreiung aus der Qual der Ängste. Auch diese lange durchlittene Nacht gehört zu seinem mystischen Weg. Er mußte die «Todeszone» durchschreiten, um geläutert zu werden für das wahre Leben.

Das Licht

Nach dieser reinigenden Prüfung nimmt ihn Gott selber in die Schule. «In dieser Zeit behandelte ihn Gott auf gleiche Weise, wie ein Schullehrer beim Unterricht ein Kind behandelt.»[34] Bald wird sich für ihn der Wunsch jener Frau aus Manresa erfüllen, der ihn zuerst so erschreckt hat: «Möchte es doch meinem Herrn Jesus Christus gefallen, daß er euch eines Tages erscheine.»[35] Die mystischen Gnaden brechen in dieser dritten Phase der Manresazeit ebenso gewaltig über Ignatius herein, wie er vordem die Nacht mit ihren Anfechtungen durchlitten hat. Im Bericht des Pilgers gibt er einen systematischen Überblick über seine Erlebnisse:

«Erstens: Er hatte eine große Andacht zur Heiligsten Dreifaltigkeit. ... Eines Tages stand er auf den Treppenstufen jenes Klosters und betete die Tagzeiten Unserer Lieben Frau; da wurde sein Verstand plötzlich über sich selbst erhoben, wie wenn er die Heiligste Dreifaltigkeit unter der Gestalt von drei Orgeltasten erschauen dürfte, und dies war mit so viel Tränen und Seufzern begleitet, daß er ihrer nicht mehr Herr werden konnte. ... Für sein ganzes Leben blieb ihm dieser Eindruck, eine ganz besondere Andacht in sich zu spüren, sooft er ein Gebet zur Heiligsten Dreifaltigkeit verrichtete.»[36] Dieses Zeugnis ist typisch für alle ähnlichen Erzählungen im Bericht des Pilgers: Ignatius bemüht sich kaum, den Inhalt des Geschauten zu schildern – hier deutet er gerade das Bild der Orgeltasten an. Vielmehr legt er den Akzent auf die von der mystischen Erfahrung ausgelöste und ihm verbleibende Wirkung. Das gibt zwar den Berichten wenig Farbe, verstärkt aber ihre Glaubwürdigkeit.
«Zweitens: Ein andermal stellte sich seinem Verstande dar – begleitet von großer geistlicher Freude –, wie Gott die Welt geschaffen hatte. Das erschien ihm, wie wenn er etwas Hellglänzendes sähe, aus dem einige Strahlen ausgingen und woraus Gott das Licht erschuf.»[37] Hier vertieft sich die anfängliche Schöpfungsmystik von Loyola. «Alle Dinge» wird er fortan in diesem Licht sehen.
«Drittens: ... Als er eines Tages in diesem Ort in der Kirche des erwähnten Klosters war, um die Messe zu hören, und als

eben der Leib des Herrn erhoben wurde, sah er mit den Augen seiner Seele etwas wie hellglänzende Strahlen, die von obenher kamen. ... Was er damals mit seinem Verstand erschaute, war ganz eindeutig dies, daß er sah, wie Jesus Christus, unser Herr, im allerheiligsten Sakrament gegenwärtig ist.»[38] Dieses «ganz eindeutig» hat bei Ignatius ein starkes Gewicht, da er sich beim Erzählen mystischer Erfahrungen gewöhnlich sehr zurückhaltend äußert: «er habe die Einzelheiten nicht genau behalten, er vermöge die Sache nach so langer Zeit nicht mehr weiter auszuführen.»

«Viertens: Oftmals und durch lange Zeit schaute er während des Betens mit den Augen seiner Seele die Menschheit Christi. Und die Gestalt, unter der sie ihm erschien, war wie ein glänzender Körper. ... Dies erschaute er in Manresa oftmals. Wenn er sagen wollte, dies sei zwanzig- oder vierzigmal geschehen, würde er nicht zu behaupten wagen, daß dies eine Übertreibung wäre. ... Auch Unsere Liebe Frau hat er auf ähnliche Weise geschaut.»[39] Und wieder unterstreicht er sofort die Frucht der mystischen Erfahrung: «Das, was er damals in Erscheinungen sah, bestärkte ihn sehr und gab ihm für immer eine solche Sicherheit im Glauben, daß er oftmals bei sich dachte: auch wenn es keine Heilige Schrift gäbe, die uns diese Glaubenswahrheiten lehrt, wäre er entschlossen, für sie zu sterben, einzig auf Grund der Tatsache, daß er dies geschaut hatte.»[40]

Noch wartet die größte aller Gnaden dieser Zeit, ja seines Lebens auf ihn:

«Fünftens: Einmal führte ihn seine Andacht zu einer Kirche, die etwas mehr als eine Meile von Manresa entfernt war und – wie ich glaube – den Namen des heiligen Paulus trug. Der Weg dorthin führt dem Fluß entlang. In Andacht versunken ging er so dahin und setzte sich eine Weile nieder mit dem

Blick auf den Fluß, der tief unten dahinfloß. Wie er nun so dasaß, begannen die Augen seines Verstandes sich ihm zu eröffnen. Nicht als ob er irgendeine Erscheinung gesehen hätte, sondern es wurde ihm ein Verständnis und die Erkenntnis vieler Dinge über das geistliche Leben sowohl wie auch über die Wahrheiten des Glaubens und über das menschliche Wissen geschenkt. Dies war mit einer so großen Erleuchtung begleitet, daß ihm alles in neuem Licht erschien. Und das, was er damals erkannte, läßt sich nicht in Einzelheiten darstellen, obgleich es deren viele waren. Nur daß er eine große Klarheit in seinem Verstand empfing. Wenn er im ganzen Verlauf seines Lebens nach mehr als zweiundsechzig Jahren alles zusammennimmt, was er von Gott an Hilfen erhalten und was er jemals gewußt hat, und wenn er all dies in eines faßt, so hält er dies alles doch nicht für so viel, wie er bei jenem einmaligen Erlebnis empfangen hat. Dieses Ereignis war so nachdrücklich, daß sein Geist wie ganz erleuchtet blieb. Und es war ihm, als sei er ein anderer Mensch geworden und habe einen anderen Verstand erhalten, als er früher besaß.»[41]

Ignatius erzählt dieses Erlebnis am kleinen Fluß Cardoner in der Nähe von Manresa dem P. da Câmara dreißig Jahre später, auf der letzten Höhe seiner Mystik. Der zeitliche Abstand und der Reichtum späterer Gnaden gibt dieser Erfahrung im Urteil des Ignatius ihren hohen Wert und ihren einzigartigen Platz. Er ist für sein Leben geprägt von dieser Stunde – mehr als von allen anderen Gnaden, die ihm überreich zuteil werden. Für jetzt aber bleibt ihm nur noch die Pflicht des Dankes: «Nachdem dies eine gute Weile gedauert hatte, warf er sich vor einem Kreuz, das dort in der Nähe stand, auf die Knie nieder, um Gott zu danken.»[42]

Zur bleibenden Frucht der mystischen Erfahrungen von Manresa gehören nun auch die Exerzitien, wie es schon im

Jüngerkreis des Ignatius bezeugt wird: «Hier in Manresa schenkte ihm unser Herr die Exerzitien und führte ihn auf solche Weise, daß er sich gänzlich dem Dienst Gottes und dem Heil der Seelen hingab, und dies zeigte ihm Gott vor allem in einer Ergriffenheit des Herzens in den beiden Betrachtungen vom König und von den Bannern.»[43] Noch präziser stellt Pedro Leturia, der Altmeister der Ignatiusforschung, den Ursprung der Exerzitien in Beziehung zur Gnade vom Cardoner: «In dieser konstruktiven Umgestaltung erhält das früher schon erkannte Ideal des Königs und der Zwei Banner einen ganz neuen Sinn: der ewige König Christus ist von jetzt ab für Ignatius ein Lebendiger, ein aktiv heute und jetzt Wirkender, der die vom Vater ihm aufgetragene Sendung, die ganze Welt zu unterwerfen, noch nicht ganz erfüllt hat und darum heute, jetzt, adelige, großherzige Mitstreiter und Freunde sucht, die es nach solcher Waffentreue verlangt.»[44]
Die Pilgerfahrt ins Heilige Land wird zum beglückenden Nachspiel der Mystik von Manresa: Auf dem Weg nach Venedig, in der Nähe von Padua, vermag er vor Schwäche nicht mehr Schritt zu halten mit den Begleitern. So bleibt er allein auf dem weiten Feld zurück. «Dort erschien ihm Christus in der Weise, wie er ihm auch sonst erschien... und schenkte ihm neue Kraft.»[45] Auf Zypern wechseln die Pilger das Schiff. Von der Weiterfahrt berichtet Ignatius: «In dieser ganzen Zeit erschien ihm oftmals unser Herr, der ihm große Tröstung und Kraft schenkte.»[46] Als er sich in Jerusalem noch einmal den Eintritt in den Ölberg erkauft und dann gewaltsam in die Stadt zurückgeführt wird, «empfing er... von unserem Herrn große Tröstungen und es war ihm, als sehe er ständig Christus über sich. Dies dauerte in überreichem Maße an, bis sie zum Kloster kamen.»[47]
Nach der erzwungenen Rückkehr beginnen für Ignatius die

trockenen Jahre der Studien. Wohl befällt ihn gelegentlich das Heimweh nach seiner «Urkirche» von Manresa. Aber er verzichtet, selbst in diesen hohen Dingen zuchtvoll und zielbewußt, auf die himmlischen Tröstungen, um sich ungestört der Wissenschaft zu widmen. Denn auch das Studium steht ganz im Dienst seines Herrn Jesus Christus, für den er sich fortan abmühen will in der Hilfe an die Seelen.

La Storta

Dem mystischen Frühling von Manresa folgt erst 1537 in Italien ein Sommer besonderer göttlicher Gnaden.

Priester des Herrn

Den Auftakt bildet die Priesterweihe vom 24. Juni. Nun ist Ignatius durch das Sakrament auf neue Weise seinem Herrn verbunden und verpflichtet. Großzügig will er sich mit seinem Jüngerkreis auf die Primiz und den priesterlichen Dienst bereiten. Zwei und zwei ziehen sie sich an stille Orte zurück. Nur Ignatius geht in einer Dreiergruppe. «Den Pilger traf das Los, mit Faber und Laínez nach Vicenza zu gehen. Dort kamen sie außerhalb der Stadt in einem verfallenen Haus unter, das keine Türen und Fenster hatte und wo sie auf ein wenig Stroh schliefen, das sie zusammengetragen hatten. Zwei von ihnen gingen jeden Tag zweimal in die Stadt, um Almosen zu erbetteln, und was sie bekamen, war so wenig, daß sie kaum das Leben fristen konnten. Gewöhnlich aßen sie ein wenig in Wasser gekochtes Brot, wenn sie solches hatten.

Die Sorge für die Küche hatte der, der zu Hause blieb. Auf diese Weise verbrachten sie vierzig Tage, während denen sie sich dem Gebete widmeten.»[48]

Dieser Bericht des Ignatius klingt ähnlich nüchtern wie der Anfang von Manresa. Etwas mehr von seiner damaligen Seelenstimmung spricht aus einem Brief an Pietro Contarini, den Freund aus der Zeit von Venedig: «Bis heute ist es uns mit Gottes Güte immer gut gegangen. Wir erfahren ja jeden Tag mehr, wie wahr jenes Wort ist: ‹Nichts habend, besitzen wir doch alles!› Alles, sage ich, jenes alles, das Gott jenen versprochen hat, die zuerst sein Reich und dessen Gerechtigkeit suchen – was kann dann denen noch mangeln, die nur die Gerechtigkeit des Reiches, ja das Reich selbst suchen?»[49]

Die Hoffnung dieses Briefes erfüllt sich bald auf unerwartete Weise. Ignatius bezeugt im Pilgerbericht: «In jener Zeit, da er sich in Vicenza aufhielt, hatte er viele geistliche Erleuchtungen und viele, ja fast regelmäßige Tröstungen, ganz anders, als es während der Pariser Zeit war. Vor allem, als er begann, sich auf die Priesterweihe in Venedig vorzubereiten, oder als er sich für die erste Messe vorbereitete, hatte er auf allen jenen Reisen große übernatürliche Heimsuchungen, ähnlich denen, die er so häufig während seines Aufenthaltes in Manresa hatte.»[50]

Nach diesen stillen Wochen feiern die Neupriester ihre Primiz. Nur Ignatius wartet damit zu in der heimlichen Hoffnung, seine erste heilige Messe doch noch im Heiligen Land feiern zu können. Als der Jerusalemplan endgültig zerschlagen ist, hält er seine Primiz in der Heiligen Nacht 1538 vor der Krippenreliquie in S. Maria Maggiore zu Rom.

In den Herbst 1537 fällt auch die eigentümliche Namensgebung für den Freundeskreis des Ignatius. Bevor sie nach der Stille zum Predigen ausziehen, stellen sie sich nämlich die

Frage, wie sie sich legitimieren könnten. Polanco berichtet darüber, was er selber von den Gefährten gehört hat: «Den Namen ‹Compañía de Jesús› haben sich Ignatius und seine ersten Gefährten bereits beigelegt, bevor sie nach Rom kamen. Als sie nämlich unter sich berieten, welche Antwort sie auf die Frage nach dem Wesen ihrer neuen Vereinigung geben wollten, begannen sie zu beten und zu überlegen, welcher Name wohl am meisten zu ihnen passe. Sie bedachten, daß sie eigentlich kein anderes Haupt hätten als Jesus Christus, dem allein sie zu dienen verlangten. Und so schien es ihnen das treffendste, sich den Namen dessen zu geben, den sie als ihr Haupt erkannten, und daß somit die Vereinigung Compañía de Jesús genannt werden müsse.»[51] Diese Namensgebung liegt anderthalb Jahre vor dem Entschluß zur Gründung eines Ordens, gilt also eindeutig für den freien Freundeskreis. Daß dieser Name dann auch dem neuen Orden gegeben wird, bildet in den Beratungen von 1539 keine Frage mehr.

Die große Stunde

Bereitet durch die Priesterweihe und die stille Zeit in S. Pietro di Vivarolo bei Vicenza widerfährt Ignatius nun die größte Gnade dieses reichen Jahres. Für den Winter ziehen die Freunde in die ihnen zugewiesenen Städte, um dort zu wirken in der Hoffnung, daß im Frühjahr vielleicht doch noch ein Pilgerschiff ausfahren könne. Ignatius selber geht mit Faber und Laínez nach Rom.
«Auf dieser Reise wurde er ganz besonders von Gott heimgesucht. Er hatte sich vorgenommen, nach der Priesterweihe noch ein Jahr bis zur Feier der Primiz zu warten, um sich darauf vorzubereiten und zu Unserer Lieben Frau zu beten,

sie möchte ihn ihrem Sohn zugesellen.»[52] In dieser Bitte klingt das dreifache Zwiegespräch aus der Exerzitienbetrachtung von Zwei Bannern nach: Mit Maria ist Ignatius seinen betenden Weg zu Jesus weitergegangen, um schließlich mit den beiden Mittlern die Gewährung der Bitte vom Vater zu erflehen. Kurz vor Rom, im Weiler La Storta, wird ihm die Erhörung zuteil:

«Als er eines Tages einige Meilen vor der Ankunft in Rom in einer Kirche weilte und dort betete, hat er eine solche Umwandlung in seiner Seele verspürt und so deutlich eine Schau gehabt, wie Gott der Vater ihn Christus seinem Sohn zugesellte, daß er daran überhaupt nicht mehr zu zweifeln wagen konnte, Gott der Vater habe ihn seinem Sohn zugesellt.»[53]

Das ist wieder die typische Reserve des Ignatius: Er sagt im Bericht des Pilgers nichts vom Vorgang selber, nichts von den Worten, die gesprochen werden. Er bezeugt nur die Umwandlung des Herzens und die absolute Sicherheit, daß er «vom Vater Christus zugesellt sei».

Schon elf Jahre bevor Ignatius dem P. da Câmara von diesem mystischen Erlebnis erzählt (der Schlußteil des Pilgerberichtes ist sicher erst 1555 verfaßt), hat er am 23. Februar 1544 in sein Tagebuch notiert: «Beim Herrichten des Altares mußte ich an Jesus denken und es drängte mich ihm zu folgen. Mir schien innerlich: daß er das Haupt der Gesellschaft ist, sei ein stärkerer Grund, in aller Armut zu gehen als alle anderen menschlichen Gründe. Es schien mir irgendwie von der Heiligsten Dreifaltigkeit zu kommen, daß sich mir Jesus zeigte oder ich ihn verspüren konnte, und es kam mir die Stunde in Erinnerung, als mich der Vater dem Sohn zugesellte.»[54] Das ist das früheste schriftliche Zeugnis über das Erlebnis von La Storta, geschrieben sieben Jahre nach dem Ereignis selber. Im Bericht des Pilgers aber fährt P. da Câmara unmittelbar weiter: «Ich, der Schreiber dieses Berichtes, sagte zum Pilger, als er mir dies erzählte, daß Laínez diese Begebenheit noch mit einigen weitern Einzelheiten berichtet habe, soviel ich wüßte. Er antwortete mir, daß alles, was Laínez darüber gesagt habe, der Wahrheit entspreche.»[55]

Es ist aus dem Zusammenhang klar: Ignatius will nichts weiteres über die mystische Erfahrung von La Storta erzählen. Ihm genügt es, hier deren Kern zu bezeugen: die Gewißheit seines umgewandelten Herzens, daß er in Erhörung seines Gebetes vom Vater Christus zugesellt sei. Im Spätjahr 1537 aber hat Ignatius, noch ganz erschüttert vom gnadenvollen Erlebnis, den beiden Weggefährten mehr davon erzählt. Diese haben, sicher mit dem Einverständnis des Ignatius, das Gehörte im Orden weitergegeben, schon zu Lebzeiten des Stifters und auch später. Denn der sonst so verschwiegene Ignatius und seine Freunde waren überzeugt: Die Gnade von La Storta ist nicht ein gleichsam privates Geschenk für Ignatius, sondern eine Gabe für den ganzen Orden. Einer dieser mündlichen Berichte ist in Nachschrift überliefert. Im Sommer 1559 sagte nämlich Laínez, inzwischen Nachfolger des Ignatius in der Leitung des Ordens geworden, in einer Konferenz, die er damals den römischen Mitbrüdern hielt, über La Storta:

«Als wir auf der Straße von Siena her nach Rom unterwegs waren, geschah es, daß unser Vater viele geistliche Tröstungen erhielt, vor allem bezüglich der hochheiligen Dreifaltigkeit; Magister Faber nämlich und ich lasen jeden Tag die heilige Messe, er aber nicht, sondern er empfing die heilige Kommunion. Da sagte er mir, es komme ihm vor, als habe ihm Gott der Vater folgende Worte ins Herz eingeprägt: ‹Ego ero vobis Romae propitius.› [Ich werde euch in Rom gnädig sein.] Da unser Vater nicht wußte, was diese Worte bedeuten sollten, bemerkte er: ‹Ich weiß nicht, was mit uns geschehen wird, vielleicht werden wir in Rom gekreuzigt werden.› – Dann, ein anderes Mal, sagte er, es habe ihm geschienen, als ob er Christus mit dem Kreuz auf der Schulter sehe und daneben den ewigen Vater, der ihm sagte: ‹Ich will, daß du diesen zu deinem Diener annimmst›, und so nahm Jesus ihn an und sprach: ‹Ich will, daß du uns dienst›.»[56]

Im unerschütterlichen Bewußtsein, fortan dem kreuztragenden Christus zugesellt zu sein für den Dienst vor dem Vater, geht Ignatius nach Rom. Die Gnadenzeit von 1537, begonnen mit der Priesterweihe von Venedig und abgeschlossen mit der mystischen Erfahrung von La Storta, führt zum Dienst an der Kirche. Ein Jahr nach La Storta übergibt sich Ignatius mit seinen Gefährten dem Papst. Und im Sommer 1539 wird er die «Fünf Kapitel» beginnen: «Wer immer in dieser Gesellschaft unter dem Banner des Kreuzes für Gott Dienst leisten will...» So vollendet sich La Storta in der Gesellschaft Jesu und in ihrem Dienst für die Kirche am Heil der Welt.

Die römische Zeit – das Tagebuch

Der Ignatius der römischen Jahre wird immer mehr schweigen über alles, was zwischen seinem Gott und ihm vorgeht. Nur da und dort gewährt er einem vertrauten Freund einen Blick in sein inneres Leben. Die einzige große Ausnahme bildet der Bericht des Pilgers aus den Jahren 1553/55, aber dieser bezieht sich ausschließlich auf eine frühere Zeit. Die vorhandenen Zeugnisse lassen ahnen, daß Ignatius in diesen arbeitsreichen Jahren in die letzten Tiefen seiner mystischen Gottverbundenheit hineingewachsen ist. So sagt er selber großartig schlicht am Schluß des Pilgerberichtes: «Vielmehr habe seine Andacht immer mehr zugenommen, das heißt: die Leichtigkeit, mit Gott in Verbindung zu treten, und diese sei jetzt größer als je sonst in seinem ganzen Leben. Immer und zu jeder Stunde, wann er Gott finden wolle, könne er ihn finden.»[57] Ignatius lebt in diesen letzten Jahren im Zustand der mystischen Gottvereinigung.

Neben dieser dauernden mystischen Vereinigung mit Gott erfährt Ignatius auch jetzt noch besondere Heimsuchungen. Im eben erwähnten Geständnis vor P. da Câmara fährt er unmittelbar weiter: «Auch jetzt noch würden ihm oftmals Erscheinungen zuteil, besonders solcher Art, wie sie zuvor [für Manresa usw.] beschrieben wurden, daß er nämlich Christus als Sonne sehe. Dies habe er häufig erfahren, wenn er gerade wichtige Fragen zu entscheiden hatte, und so seien ihm gerade jene Erscheinungen als Bestätigung vorgekommen.»[58]

Vierzig reiche Tage

Während die Manresazeit im mystischen Ereignis vom Cardoner ihren Höhepunkt erfährt und das italienische Gnadenjahr 1537 mit La Storta gekrönt wird, ist für die römische Zeit keine solche prägende Erfahrung bekannt. Es existiert aber aus diesen Jahren ein einzigartiges Dokument, das alle anderen Zeugnisse, den Pilgerbericht eingeschlossen, weit übertrifft: das schon erwähnte Tagebuchfragment aus den Jahren 1544/45. Im Bericht des Pilgers verweist Ignatius selber auf das Tagebuch, wenn er sagt: «Auch bei der Feier der Messe habe er vielmals Visionen, und ebenso habe er solche

sehr häufig bei der Ausarbeitung der Konstitutionen gehabt. Dies könne er jetzt um so sicherer behaupten, da er jeden Tag niedergeschrieben habe, was in seiner Seele vor sich ging, und er jetzt diese Aufzeichnungen noch vor sich habe.»[59]
Das vordergründige Anliegen, das Ignatius während vierzig Tagen (2. Februar bis 12. März 1544) beschäftigt, gilt der von Gott zu erflehenden Bestätigung seiner Armutsentscheidung. Immer dominanter aber werden im Fortschreiten der Tage die Notizen über die mystischen Erfahrungen, die sich vor allem auf die heilige Dreifaltigkeit beziehen. Das folgende Kapitel wird ausführlich auf diese Zeugnisse zurückkommen. Hier ist nur die Rede davon im Zusammenhang mit der erbetenen göttlichen «confirmación» seiner Armutswahl, die ganz seiner eigenen Weisung aus den Exerzitien entspricht: «Ist so die Wahl oder Entscheidung getroffen worden, so muß der, welcher sie getroffen hat, mit großem Eifer sich ins Gebet vor Gott unserem Herrn begeben und ihm die Wahl darbringen, auf daß seine göttliche Majestät sie annehmen und bekräftigen wolle, sofern sie zu ihrem je größeren Dienst und Lobpreis gereicht.»[60]
Ignatius beginnt die ersten Tage, im Sinn des Dreifachen Zwiegesprächs, mit dem Gebet zu Unserer Lieben Frau:
2. Februar: «Eine Fülle von Andacht in der Messe, Tränen und ein starkes Vertrauen auf unsere Herrin; dabei und den ganzen Tag über mehr für Nichtbesitz.»
4. Februar: «Den ganzen Tag über mehr für Nichtbesitz. Am Abend zog es mich in meinem Streben in eine große Nähe zu unserer Herrin, mit großem Vertrauen.»
5. Februar: «Ich schaute, wie die Mutter und der Sohn zur Fürsprache beim Vater geneigt waren. Dabei und noch den ganzen Tag über war ich mehr für den Nichtbesitz, und es drängte mich auch mehr dazu. Am Nachmittag war es so, als

verspürte ich oder schaute ich unsere Herrin zur Fürsprache geneigt.»
8. Februar: «Nach der Messe ... ging ich einundeinhalbe Stunde oder noch länger die Wahlpunkte durch und bot dar, was mir aus sachlichen Gründen und nach der stärkeren Neigung des Willens besser schien, nämlich kein Einkommen zu haben. Ich wollte dies dem Vater durch die Vermittlung und die Bitten der Mutter und des Sohnes darbieten. So richtete ich das Gebet zuerst an die Mutter, damit sie mir bei ihrem Sohn und dem Vater helfe; danach betete ich zum Sohn, er möge mir gemeinsam mit der Mutter beim Vater helfen. Da verspürte ich in mir, wie ich vor den Vater ging oder geführt wurde.» Am Nachmittag wiederholt er den gleichen Weg des Gebetes: «Bei der Wahl über den Nichtbesitz fand ich mich mit Andacht; ich fand mich mit einer gewissen Erhebung und sehr ruhig ohne jeglichen Widerspruch, etwa doch etwas zu besitzen. Es verging mir auch das Verlangen danach, in den Wahlpunkten so weit voranzugehen, wie ich noch vor einigen Tagen gedacht hatte.»
11. Februar: «Danach wollte ich an die Wahlpunkte gehen und überlegen. ... Ich richtete das Gebet an unsere Herrin, danach an den Sohn und an den Vater, daß er mir zum Überlegen und zum Unterscheiden seinen Geist gebe; doch sprach ich schon so, als sei die Sache erledigt. Da verspürte ich ziemliche Andacht und gewisse Einsichten mit einiger Klarheit im Schauen. Dann setzte ich mich nieder und betrachtete mehr im allgemeinen den vollen, den teilweisen und den Nichtbesitz, aber es verging mir das Verlangen, noch irgendwelche Gründe anzuschauen. Zugleich kamen mir noch weitere Einsichten: wie zuerst der Sohn die Apostel in Armut zum Predigen ausgesandt hatte, wie sie danach der Heilige Geist bestätigte, indem er ihnen seinen Geist und die Spra-

chengabe verlieh, und wie dadurch, daß der Vater und der Sohn den Heiligen Geist senden, alle drei Personen diese Sendung bestätigt haben.»
16. Februar: «Noch bevor ich aufstand, schien mir aber, daß es keinen Grund mehr gibt, noch mehr Wahlpunkte anzuschauen. Hierbei überkommen mich so viele Tränen; und unter ganz großer inniger Andacht, Schluchzen und geistlichen Wonnen drängt es mich eine Zeitlang dazu, mein Anerbieten zu machen, daß wir auch für die Kirche nichts besitzen sollen und ich nicht mehr weiter darüber nachdenken wolle. Nur an den beiden nächsten Tagen wollte ich noch Dank sagen und das gleiche Anerbieten machen.»
18. Februar: Ignatius kommt zu einem gewissen Abschluß seines Anerbietens der Wahlentscheidung. «So ging ich an die Bestätigung der bisherigen Anerbieten. Ich hielt Zwiesprache über viele Dinge und bat die Engel, die heiligen Väter, die Apostel und Jünger und alle Heiligen usw. und machte sie zu meinen Fürsprechern bei unserer Herrin und ihrem Sohne; auch diese wieder bat ich und flehte sie von neuem in langen Gesprächen an, daß meine endgültige Bestätigung und meine Danksagung vor den Thron der Heiligsten Dreifaltigkeit aufsteigen möge; dabei und auch weiterhin sehr heftiges Tränenvergießen, Regungen und inneres Schluchzen. ... So machte ich der Heiligsten Dreifaltigkeit vor ihrem ganzen himmlischen Hof meine endgültige Bestätigung und sagte mit sehr inniger Hingabe zuerst den göttlichen Personen Dank.»
23. Februar: «Beim Herrichten des Altares mußte ich an Jesus denken, und es drängte mich, ihm zu folgen. Mir schien innerlich: daß er das Haupt der Gesellschaft ist, sei ein stärkerer Grund dafür, in aller Armut zu gehen, als alle anderen menschlichen Gründe.» Verbunden mit der großen Festig-

keit, die er verspürt, erinnert er sich der Stunde von La Storta und es prägte sich ihm mit solcher Innigkeit der Name Jesu ein, daß er davon sehr gestärkt war.
24. Februar: «Nun hatte ich aber die Bestätigung durch die Heiligste Dreifaltigkeit ersehnt und verspürte gleichsam, daß sie mir durch Jesus mitgeteilt wurde; denn er zeigte sich mir und gab mir eine ganz große innere Kraft und Sicherheit über die Bestätigung, so daß ich die Zukunft nicht mehr zu fürchten brauchte.»
Und er schließt die Eintragung dieses Tages: «Zu diesen Zeiten war in mir eine so große Liebe zu Jesus, und ich verspürte oder schaute ihn so sehr, daß mir schien, in Zukunft kann überhaupt nichts mehr kommen, was mich von ihm trennen oder über die Gnaden und die Bestätigung, die ich empfangen hatte, unsicher machen könnte.»
27. Februar: «Ich bereitete mich im Zimmer [auf die Messe] vor und empfahl mich Jesus an, aber nicht, um auf irgendeine Weise noch mehr Bestätigung zu erlangen. ...» Das Anliegen, für den Armutsentscheid die himmlische Bestätigung zu erhalten, ist in der zweiten Hälfte dieser vierzig Tage schon ganz in den Hintergrund getreten vor einem viel größeren mystischen Licht. Das zeigt auch der folgende Eintrag.
2. März: «Zu dieser Zeit nach der Beendigung der Messe schien mir, ich sollte, wenn ich die Messen von der Dreifaltigkeit [die er sich zur Danksagung vorgenommen hatte] beendet habe, unmittelbar darauf oder sobald ich irgendeine göttliche Heimsuchung finde, mit dieser Angelegenheit Schluß machen. Es schien mir, daß ich nicht selbst die Zeit zum Aufhören bestimmen dürfe.» In diesen Tagen werden ihm höchste Erleuchtungen über die Heiligste Dreifaltigkeit und über Jesus geschenkt. Die Bitte um Bestätigung seiner Wahl hat ihre Erfüllung gefunden. Es bleibt ihm

dafür nur noch der Dank. Am 40. Tag beendet er das Wahlgeschäft.
12. März: «Schließlich erwog ich – in der Sache selbst gab es ja keine Schwierigkeit mehr –, wie es Gott unserem Herrn mehr gefallen würde: wenn ich aufhöre, ohne noch weitere Beweise zu erwarten und danach zu suchen, oder wenn ich dafür noch weitere Messen lese.» Dann verspürt er, daß sich im Wunsch, mit den Messen um weitere Bestätigung noch fortzufahren, eine ungeordnete Neigung kundgebe, und er beschließt, damit Schluß zu machen und erfährt darob ein starkes Wachsen in der Liebe zu Gott. «Lange Zeit kniete ich, ging dann umher und kniete wieder und hielt dabei viele mannigfaltige und verschiedene Zwiegespräche und hatte eine ganz große innere Befriedigung. Obwohl diese so große Heimsuchung mehr oder weniger eine Stunde lang andauerte, hörten schließlich die Tränen auf. ... So machte ich mit diesem Punkt Schluß und nahm mir vor Gott und seinem ganzen himmlischen Hof vor, nicht weiter auf diesem Gebiet voranzugehen.»
Schließlich setzt er ein entschiedenes «Finido» unter die Aufzeichnungen. Gott hat seinen Entscheid in der Armutsfrage mit himmlischen Heimsuchungen sanktioniert. Nun kann ihn nichts mehr irre machen. Der Kompromiß von 1541 ist endgültig überwunden. Die erfahrene Bestätigung der totalen Armut durch den dreifaltigen Gott hat mehr Gewicht als der einstimmige Beschluß des Jüngerkreises.

Letzte Reife

Nach dem Tagebuch verstummen die Selbstaussagen des Ignatius. Er wird immer mehr der einsame Schweiger vor dem Geheimnis Gottes. Nur ein paar Zeugnisse der Gefährten geben eine leise Ahnung von der letzten mystischen Höhe des Vaters. So sagt einmal P. Nadal mit Berufung auf seine Quelle: «Magister Laínez sagte mir von ihm: Er ist auf eine ganz einzigartige Weise mit Gott vertraut. Über alle Visionen ist er schon hinausgeschritten, sowohl sinnenfällige, wie etwa des gegenwärtigen Christus oder der heiligen Jungfrau, als auch über Visionen, die sich an die innere Einbildungskraft wenden. Er lebt nun in einem rein geistigen Zustand, in der Gottvereinigung.»[61]

Wieder Nadal: «Später habe ich von P. Ignatius selber vernommen, daß er in den göttlichen Personen lebe und daß er von den einzelnen göttlichen Personen Gnaden empfange, die sich unterscheiden je nach der Verschiedenheit der Personen; daß er jedoch in dieser Beschauung größere Gaben in der Person des Heiligen Geistes findet. Auch dies habe ich vernommen, daß er in der Beschauung Gott findet, sooft er sich dem Gebet hingibt.»[62]

Und noch einmal der gleiche Gewährsmann: «Wir wissen, daß unser Vater Ignatius die einzigartige Gnade von Gott empfing, die Schau der Heiligsten Dreifaltigkeit frei ‹ausüben› und in ihr ruhen zu können. Bald führte ihn die Gnade zur Beschauung der ganzen Dreifaltigkeit: er wurde in sie hineingetragen, vereinigte sich mit ihr ganz, in tiefer Empfindung der Andacht und des geistlichen Verkostens; bald war er in der Beschauung des Vaters, bald des Sohnes, bald des Heiligen Geistes. Diese Beschauung der Heiligsten Dreifaltigkeit erhielt er zwar schon früher oft, aber doch (man möchte sagen ausschließlich) vor allem in den letzten Jahren seiner irdischen Pilgerschaft.»[63]

Aber P. Nadal weiß noch von einer weitergreifenden Gnade: «Diese Art des Gebetes [in den drei göttlichen Personen] hat unser Vater als großes Privileg in einzigartigem Ausmaß erhalten. Außerdem aber die Gnade, daß er in allen Dingen, Handlungen und Gesprächen Gottes Gegenwart wahrnahm und geistliche Dinge verkostete, ja diese Gegenwart schaute und so ‹in actione contemplativus› war; er pflegte dies mit dem Wort auszudrücken: ‹Wir sollen in allen Dingen Gott finden›.»[64]

Der wortkarg gewordene Ignatius selber hat seine Erfahrung in den kleinen Satz gefaßt: «Wo und wie ich will, empfange ich Andacht.»[65] Und: «Zu jedem Mal und jeder Stunde, da ich Gott finden will, finde ich ihn.»[66]

Dazu ein letztes Zeugnis des P. Nadal: «Wir aber sahen mit tiefer Bewunderung und tiefem Herzenstrost, wie diese Gnade, dieses Licht in seiner Seele wie ein Schimmer über sein Antlitz ausgegossen war und sich in der Klarheit und Sicherheit seiner Handlungen kundgab.»[67]

In der Nacht zum 31. Juli 1556 hört der Bruder, der den kranken Ignatius betreut, nur noch ein einziges, innig wiederholtes Wort: «Ay Dios – o Gott!» Dann war er am Ziel des mystischen Weges.

Zweites Kapitel

STRUKTUREN DER MYSTIK

Hinter den Worten des Pilgerberichtes und des Tagebuchs hat sich die mystische Welt des Ignatius aufgetan. Aber wie er selber im Bericht des Pilgers den Ablauf der Ereignisse von Manresa durch eine systematische Reflexion (mit «Erstens», «Zweitens»...) unterbricht, so muß hier in gleicher Weise zurückgeblendet und nach den Inhalten und Strukturen dieser Mystik gefragt werden. Dabei bietet sich die Linie, die Ignatius selber vorgezeichnet hat, als geeignetste Methode an.

Dreifaltigkeit

Sämtliche Zeugnisse, das Tagebuch allen voran, erhärten die Tatsache: Das geistliche Leben des Ignatius und darin seine Mystik sind grundlegend bestimmt von der göttlichen Dreifaltigkeit und darum wieder ganz auf dieses Urgeheimnis ausgerichtet. Im Bericht des Pilgers schickt Ignatius seinem Bekenntnis von einer großen Andacht zur Heiligsten Dreifaltigkeit ein betontes «Erstens» voran. Damit meint er nicht nur eine geschichtliche Priorität, sondern er gibt dieser trinitarischen Frömmigkeit und Mystik den ersten Stellenwert in seinem Leben: Es ist bestimmt und geprägt von der göttlichen Dreifaltigkeit her. Auf das Zeugnis des Ignatius hin schreibt deshalb Laínez in seinem biographischen Brief von

1547: «Im Verlauf jenes Jahres, das er in Manresa zubrachte, erhielt er soviel Licht vom Herrn, daß er in fast allen Geheimnissen des Glaubens vom Herrn besonders erleuchtet und getröstet wurde, am meisten über das Geheimnis der Dreifaltigkeit, in welchem sich sein Geist so sehr erlabte, daß er, der doch ein einfacher Mann war und noch nichts anderes konnte als auf spanisch lesen und schreiben, sich daran machte, ein Buch über sie zu verfassen.»[68]
Nadal aber spannt den Bogen von diesen Anfängen einer trinitarischen Mystik in Manresa zur reifen Höhe der römischen Zeit: «Und das möchte ich nicht übergehen, daß unser Vater Ignatius die einzigartige Gnade empfangen hat, in der Schau der Heiligsten Dreifaltigkeit frei beten und ruhen zu können. Er erhielt diese gnadenvolle Schau der Dreifaltigkeit zwar schon früher in seinem Leben, aber doch, man möchte sagen ausschließlich, vor allem in den letzten Jahren seiner irdischen Pilgerschaft.»[69]
Einen einzigartigen Wachtumsprozeß dieser trinitarischen Mystik zeichnet das Tagebuch des Ignatius nach. Die entscheidenden Phasen spielen sich in den Monaten Februar und März 1544 ab. Maurice Giuliani und Adolf Haas haben in ihren einleitenden Studien zum Tagebuch versucht, diesen Prozeß begrifflich zu erfassen. Andere sahen in solchem Unterfangen zu viel Systematisierung von unfaßbaren Lebensvorgängen. Doch sind einzelne Zeitabschnitte im Tagebuch durch ganz eigene Akzente bestimmt, die einen fortschreitenden Prozeß aufscheinen lassen. Darum wird die von den beiden Interpreten des Tagebuchs gegebene Gliederung hier übernommen.[70]

Der Abschnitt 2.–21. Februar zeigt den Weg «von den göttlichen Personen zur Einheit ihres Ineinanderwohnens» oder «von der Dreifaltigkeit zur Dreieinigkeit».

Durch die Vermittlung von Maria und Jesus findet Ignatius den Zugang zum Vater. Vom Vater her öffnet sich ihm der Weg zu den beiden anderen Personen der Dreifaltigkeit.

7. Februar: «Während der Messe schien mir, daß ich in besonderer Weise Zutritt hatte, dabei viel Andacht und innere Regung, den Vater zu bitten.»

8. Februar: «Da verspürte ich in mir, wie ich vor den Vater ging oder geführt wurde.»

Wenig später erfährt er die Nähe des Heiligen Geistes:

11. Februar: «Danach, kurz darauf, hielt ich mit gleicher Andacht und Tränen Zwiesprache mit dem Heiligen Geist, um dann seine Messe zu lesen. Mir schien, daß ich ihn schaute oder verspürte in einer dichten Klarheit, ganz ungewohnt in der Farbe einer feurigen Flamme.» Und noch einmal am gleichen Tag: «Ich verspürte oder schaute auf bestimmte Weise den Heiligen Geist.»

14. Februar: «Ich fand viel Zutritt zum Vater, immer wenn ich seinen Namen nannte, wie die Meßgebete es tun ...; ich verspürte, wie der Sohn sehr zur Fürsprache geneigt war.»

16. Februar: Er ist sich nicht gewiß, wo er das Gebet beginnen soll. «Es schien mir, daß sich mir vom Vater noch am meisten offenbarte und mich zu seiner Barmherzigkeit anzog. Ich verspürte in mir, daß er am meisten geneigt war, damit ich erreichen könnte, was ich wünschte. ... Als ich danach zur Messe ging, die Gewänder anlegte und mit der Messe begann, da hatte ich in allen diesen Zeiten viele innige Tränen, und es zog mich zum Vater hin. Auf ihn ordnete ich alles

hin, was den Sohn betrifft, und ich verspürte dabei viele besondere, wohlschmeckende und sehr geistliche Einsichten.»

18. Februar: In einem ausgeweiteten Zwiegespräch trägt Ignatius das Anerbieten seiner Wahl «vor den Thron der Heiligsten Dreifaltigkeit»: «Ewiger Vater, bestätige mich! Ewiger Sohn, bestätige mich! Ewiger Heiliger Geist, bestätige mich! Heilige Dreifaltigkeit, bestätige mich! Du mein Gott, der du nur ein einziger bist, bestätige mich!»... «Und ich mußte sprechen: Ja, ewiger Vater, du wirst mich doch bestätigen?... Ebenso dann auch zum Sohn und zum Heiligen Geist.»

Nun treten die einzelnen Personen zurück; Ignatius ist gebannt vom Blick in das dreifaltige Gottesgeheimnis.

19. Februar: «... Auch viele Einsichten oder geistliche Erinnerungen von der Heiligsten Dreifaltigkeit. Ich wurde ruhig und war in hohem Maß voll Jubel, so daß ich mir die Hände gegen die Brust pressen mußte wegen der innigen Liebe, die ich zur Heiligsten Dreifaltigkeit verspürte. ... Als ich zur Messe ging... sehr viele Einsichten über die Heiligste Dreifaltigkeit. Mein Verstand wurde von ihnen so sehr erleuchtet, daß mir schien, selbst durch ein tüchtiges Studium würde ich nicht so viel Wissen erlangen können.» – «An diesem Tage, auch noch als ich durch die Stadt ging, große innere Freude, und es stand mir die Heiligste Dreifaltigkeit vor Augen, immer wenn ich etwa drei Vernunftwesen oder drei Tiere oder sonst drei Dinge sah.»

21. Februar: An diesem Tag erfährt er die tiefste Einsicht von der Einheit der Dreifaltigkeit in dem einen göttlichen Wesen: «In dieser Messe erkannte ich, verspürte oder schaute – Dominus scit –: wenn ich zum Vater sprach, wenn ich schaute, daß er eine Person aus der Heiligsten Dreifaltigkeit ist, dann ergriff es mich, daß ich die ganze Heiligste Dreifaltig-

keit lieben mußte, um so mehr, weil auch die anderen Personen ihrem Wesen nach in der Person des Vaters sind; das gleiche auch im Gebet an den Sohn und das gleiche im Gebet zum Heiligen Geist. Ich erfreute mich an jeder einzelnen Person, wenn ich bei ihr Tröstungen verspürte, und schrieb sie allen dreien zu und erfreute mich darüber.»

Von Jesus-Mensch zu Jesus-Gott

Einen ganz neuen Akzent erhalten die Aufzeichnungen aus der Woche vom 22. zum 28. Februar. Der Titel dieses Abschnitts zeigt nur den Hauptton an, ist doch schon früher von Jesus als Mittler der Gebete zum Vater die Rede gewesen. Die Aufzeichnungen dieser Tage zeigen aber auch die untrennbare Einheit von Dreifaltigkeitsmystik und Christusmystik bei Ignatius.

23. Februar: In der Erinnerung an die Gnadenstunde von La Storta wird Jesus für Ignatius zum stärksten Motiv für die Wahl der ungeschmälerten Armut. Mit großer Innigkeit prägte sich ihm der Name Jesu ein, so daß er sehr gestärkt war. «Als ich das Sakrament in den Händen hielt, kam mir von innen ein Sprechen und ein inniges Drängen, daß ich ihn niemals... verlassen wollte, und ich verspürte neue Regungen, Andacht und geistliche Freude. – Sooft ich mich danach tagsüber an Jesus erinnerte oder er mir ins Gedächtnis kam, ein gewisses Verspüren oder Schauen mit dem Verstand, in ununterbrochener Andacht und Bestätigung.»

24. Februar: «Beim Herrichten des Altares und der Gewänder stand mir der Name Jesu vor Augen; dabei viel Liebe, Bestätigung und der starke Wille, ihm zu folgen.» – «In der ganzen Messe ständig sehr große Andacht und viele Tränen. ...

Alle Andacht und alles Verspüren richtete sich dabei auf Jesus. ... Darauf dann immer wieder die geistliche Erwiderung: ‹Auf welche Weise Vater! Und auf welche Weise Sohn!› – Nun hatte ich aber die Bestätigung durch die Heiligste Dreifaltigkeit ersehnt und verspürte gleichsam, daß sie mir durch Jesus mitgeteilt wurde.» – «Zu diesen Zeiten war ich in einer so großen Liebe zu Jesus, und ich verspürte oder schaute ihn so sehr, daß mir schien, in Zukunft kann überhaupt nichts mehr kommen, was mich von ihm trennen oder über die Gnaden und die Bestätigung, die ich empfangen hatte, unsicher machen könnte.»

25. Februar: «Bei den Gebeten zum Vater schien mir, daß Jesus sie darbot oder die Gebete, die ich sprach, vor den Vater hingeleitete; dabei ein Verspüren oder Schauen, das man nicht in dieser Welt erklären kann.»

27. Februar: «Dann trat ich in die Kapelle, und im Gebet verspürte oder genauer schaute ich, außerhalb der natürlichen Kräfte, die Heiligste Dreifaltigkeit und Jesus, wie er mich wieder vorstellte oder mich hinstellte oder Mittler bei der Heiligsten Dreifaltigkeit war, damit mir jene geistige Heimsuchung mitgeteilt werde. Bei diesem Verspüren oder Schauen überkamen mich Tränen und eine Liebe, die sich aber ganz auf Jesus richtete; zur Heiligsten Dreifaltigkeit ein Verhältnis der Ergebenheit.»

Immer stärker erfährt Ignatius nun, hingeführt von Jesus, wieder die Nähe der Heiligsten Dreifaltigkeit: «Ebenso schaute ich an einer Stelle in besonderer Weise die gleiche Schauung von der Heiligsten Dreifaltigkeit wie zuerst, und ich hatte immer mehr eine noch größere Liebe zu ihrer göttlichen Majestät.» – «Wie ich dies schreibe, zieht es meinen Verstand dazu hin, die Heiligste Dreifaltigkeit zu schauen.» Von Jesus aber sagt er: «Jetzt jedoch verspürte ich in meiner

Seele auf eine andere Art, nämlich nicht in dieser Weise die Menschheit allein, sondern daß er als ganzer mein Gott ist.»
28. Februar: «Beim Eintritt in die Kapelle neue Andacht. Als ich mich niedergekniet hatte, offenbarte sich mir oder schaute ich Jesus zu Füßen der Heiligsten Dreifaltigkeit.»

Die Fülle des göttlichen Wesens

In den Tagen vom 29. Februar bis zum 6. März eröffnet sich Ignatius eine neue Stufe seiner trinitarischen Mystik.
29. Februar: «Außer Haus, in der Kirche vor der Messe schaute ich das himmlische Vaterland oder dessen Herrn auf die Weise einer Einsicht von drei Personen, und zwar im Vater die zweite und dritte.»
3. März: «Als ich in die Kapelle trat, überkam mich eine große Andacht zur Heiligsten Dreifaltigkeit, eine sehr starke Liebe und innige Tränen. Ich konnte nicht wie an den vergangenen Tagen die unterschiedenen Personen schauen, sondern verspürte nur wie in einer lichten Klarheit die eine Wesenheit. Es zog mich ganz zu ihrer Liebe hin.» – «Während der ganzen Messe viel Liebe und Andacht und eine große Fülle von Tränen; diese Andacht und Liebe richtete sich ganz auf die Heiligste Dreifaltigkeit. Ich hatte keine Erkenntnisse oder unterschiedene Schauungen der drei Personen, sondern nur ein einfaches Achthaben auf die Heiligste Dreifaltigkeit oder daß sie mir vor Augen stand.»
4. März: «Nach dem Ankleiden schaute ich den Introitus der Messe [von der Dreifaltigkeit] an und wurde ganz zu Andacht und Liebe gedrängt, die sich auf die Heiligste Dreifaltigkeit richteten.» Noch dreimal schreibt er an diesem Tag von der innigen Andacht zur Heiligsten Dreifaltigkeit, ver-

bunden mit einer «ganz übermäßigen Liebe». – «Alle diese Heimsuchungen richteten sich auf den Namen und die Wesenheit der Heiligsten Dreifaltigkeit.»
6. März: «Beim ‹Te igitur› [Beginn des Meßkanons] verspürte oder schaute ich nicht in dunkler, sondern auf lichte und sogar sehr lichte Weise das göttliche Sein oder seine Wesenheit selbst, und zwar in Kugelgestalt, etwas größer, als die Sonne erscheint. Aus dieser Wesenheit schien der Vater hervorzugehen. ... Als mir so das Sein der Heiligsten Dreifaltigkeit vor Augen stand und ich es schaute – wobei ich aber die anderen Personen nicht unterscheiden oder schauen konnte –, hatte ich eine ganz große innige Andacht zu dem, was mir da vor Augen stand.»
«Nachdem ich die Gewänder abgelegt hatte, ließ sich beim Gebet am Altar von neuem das gleiche Sein und die kugelförmige Schauung wahrnehmen, doch irgendwie schaute ich nun alle drei Personen auf die gleiche Weise wie die erste, nämlich daß auf der einen Seite der Vater, auf einer anderen der Sohn und auf einer anderen der Heilige Geist hervorkam oder sich aus der göttlichen Wesenheit herleitete.»
«Danach als ich nach Sankt Peter kam und zum Corpus Domini [am Sakramentsaltar] zu beten begann, stand mir immer in derselben lichten Farbe das gleiche göttliche Sein vor Augen, so daß es nicht in meiner Macht gewesen wäre, es nicht zu schauen.»

Dank der ehrfürchtigen Liebe

Vom 7. März an klingt ein neues Motiv an, das schon in der vorausgegangenen Zeit, z. B. am 3. März, angeschlagen wurde: «Dank der ehrfürchtigen Liebe». Hier kommt das Eigene in der trinitarischen Mystik des Ignatius vollends zum Durchbruch: dienstbereite Hingabe des «amor reverencial». Alles Schauen drängt zum demütigen Handeln.

7. März: «Beim Anlegen der Gewänder neue Regungen zu Weinen und Gleichförmigwerden mit dem göttlichen Willen: er möge mich leiten, mich führen.»

«Ergebenheit» und «Ehrfurcht» werden zu zentralen Merkworten in den Aufzeichnungen dieser Tage.

8. März: «Es zeigte sich in mir eine sehr große Demut, so daß ich nicht noch zum Himmel blickte. ... Irgendwie schien mir, ohne daß ich Erleuchtungen, Schauungen oder Tränen verspürte, Gott unser Herr wolle mir irgendeinen Weg oder eine Weise des Vorangehens zeigen.»

10. März: «Vor dem Vorbereitungsgebet eine neue Andacht; dabei dachte ich oder kam ich zu der Ansicht, für das Amt der Meßfeier müsse ich mich verhalten oder sein wie ein Engel. ... Ich machte mich gleichförmig mit dem, was der Herr anordnete, und dachte, seine Majestät werde sorgen und zum Guten gereichen lassen.»

13. März: «In der Messe machte ich mich mit dem göttlichen Willen darin gleichförmig, daß ich keine Tränen haben wollte.»

14. März: «In all diesen Zeiten, vor, während und nach der Messe, war ein Gedanke in mir, der mich innen in der Seele durchdrang: mit wie großer Ehrfurcht und Ehrerbietung ich, wenn ich zur Messe gehe, den Namen Gottes unseres Herrn usw. aussprechen und nicht Tränen, sondern diese Ehrerbietung und Ehrfurcht suchen müßte; ja ich übte mich immer wieder in dieser Ehrerbietung... ja ich gewann die Überzeugung, daß dies der Weg ist, den mir der Herr zeigen wollte.»

16. März: «Vor der Messe betete ich im Zimmer, es möge mir Ehrerbietung, Ehrfurcht und Demut gegeben werden. ...

Ebenso kamen danach alle Heimsuchungen darauf hinaus, daß mir Ehererbietung vor Augen stand.»

17. März: Zu dieser Grundrichtung von Ehrerbietung und Ehrfurcht notiert er: «Ich hatte also den Weg gefunden, der sich mir hatte zeigen wollen. Mir schien, er ist der beste von allen, und ich muß ihn für immer einschlagen.»

Er erkennt, daß es Gottes Wille ist, Ehrerbietung und Ehrfurcht zu suchen, «auch wenn das Finden nicht in meiner Macht liegt. Danach sorgt aber der Geber der Gnaden für einen ganz großen Zustrom von Erkenntnis, Heimsuchung und geistlichem Geschmack... und ich verlor die Sprache, daß mir bei jedem Wort, wenn ich den Namen Gottes usw. aussprach, schien, es durchdringt mich ganz innen mit einer Ehrerbietung und wunderbaren ehrfürchtigen Demut, wie man sie, scheint es, gar nicht erklären kann.»

Von diesem Tag an werden die Eintragungen im Tagebuch ganz knapp. Wie ein Refrain kehren darin aber die Worte «Ehrerbietung» und «Ehrfurcht» wieder.

30. März: «In diesem Zeitabschnitt schien mir, die Demut, Ehrfurcht und Ehrerbietung sollte nicht furchtsam, sondern liebevoll sein, und dies setzte sich so in meinem Gemüt fest, daß ich immer wieder sagte: ‹Gib mir doch liebevolle Demut!› Ebenso mit Ehrfurcht und Ehrerbietung, und ich empfing bei diesen Worten neue Heimsuchungen.»

Fortan beschränkt sich Ignatius in den zu Zeichen verkürzten Tagebuchnotizen auf die Gabe der Tränen. Die letzten inhaltlichen Eintragungen lauten: «Meinen Willen mit dem Willen Gottes gleichförmig zu machen» (6. April), «Tränen, die mich zur Gleichförmigkeit mit dem Willen Gottes hinzogen» (7. April).

In einem staunenerregenden mystischen Prozeß ist Ignatius in diesen Wochen Stufe um Stufe in das trinitarische Gottesgeheimnis hineingenommen worden. Doch alles Licht, das ihm geschenkt wird, drängt hin zur ehrfürchtigen Liebe, zur Gleichförmigkeit mit dem Willen Gottes, zum liebenden Dienst.

Was sich im Tagebuch kundgibt, ist seit der Kehr von Loyola die innerste Leidenschaft des Ignatius: Er ist ein «Pilger des göttlichen Willens» und steht immer neu vor der ihn bedrängenden Frage: Herr, was willst du, daß ich tun soll? Nur ergriffen kann man in den Jahren von 1521 bis 1539 dieses Suchen des Willens Gottes für sein eigenes Leben mitverfolgen. Bloß schrittweise, oft gegen die eigenen Pläne, bekommt er die Antwort, bis in den Beratungen des Freundeskreises von 1539, durch die kirchliche Approbation des neuen Ordens und die Generalswahl von 1541 dieser äußere Pilgerweg sein Ziel findet. Doch dieses Finden schickt Ignatius neu auf den Weg des Suchens in den tausend Fragen des Ordens.

Höchste Erkenntnisse des dreifaltigen Gottesgeheimnisses sind Ignatius geschenkt worden, aber alles klingt aus in den «amor reverencial», in die dienende Liebe, die einzig und ganz den Willen des geliebten Gottes erfüllen will. Seine trinitarische Mystik vollendet sich in einer Mystik des Dienstes, in der liebenden Übergabe seines Willens in den Willen des geliebten dreifaltigen Gottes.

Seine mystische Erfahrung von der Dreifaltigkeit hat Ignatius selber zusammengefaßt im Wort vom Kreuzzeichen, das er in der «Anweisung zu schlichter Predigt» geschrieben hat:

«Wenn wir das heilige Kreuzzeichen machen, legen wir die Finger der Hand zuerst an das Haupt: das bedeutet Gott den

Vater, der von niemandem ausgeht. Dann berühren unsere Finger den Leib: das bedeutet den Sohn, unseren Herrn, der vom Vater gezeugt wird und in den Leib der heiligen Jungfrau Maria herabstieg. Dann legen wir die Finger an die eine und die andere Schulter: das bedeutet den Heiligen Geist, der da ausgeht vom Vater und vom Sohn. Und wenn wir unsere Hände wieder ineinanderfalten, dann soll das sinnbilden, daß drei Personen eine einzige Wesenheit sind. Und endlich, wenn wir unseren Mund mit dem Kreuzzeichen siegeln, so sagt das: in Jesus unserem Heiland und Erlöser wohnt der Vater, der Sohn, der Heilige Geist, ein einiger Gott, unser Schöpfer und Herr.»[71]

Jesus Christus

Ignatius hat in außergewöhnlichen Gnaden das dreifaltige Geheimnis Gottes «schauen und verspüren» dürfen. Es wurde ihm tiefster Einblick geschenkt in die gewaltige Dynamik des Lebens und der Liebe zwischen der Dreiheit der Personen und der Einheit des göttlichen Wesens. Seine Antwort dankbarer Liebe kleidet sich in das Gewand des Ehrfurchtsdienstes.

Zentrum und Fundament

Dieser unendliche innergöttliche Kreis der Dreifaltigkeit öffnet sich nun durch die schenkende Liebe nach außen und schafft sich ein Nachbild und Werkzeug im Christuskreis, der alle Äonen, alle geschaffene Wirklichkeit und alle Geschichte umfaßt. Jesus, der als ewiger Sohn des Vaters dem trinitarischen Kreis angehört, wird als Mensch zur Mitte des allumgreifenden Christuskreises. Dieser spannt sich so weit, wie die Welt vom Schöpfungsmorgen bis zum Endtag reicht, da der erhöhte Christus das All dem Vater übergibt. Jesus Christus steht in der mystischen Erfahrung des Ignatius nicht nur in der Mitte jedes Kreises – im Geheimnis der Dreifaltigkeit als der Sohn zwischen Vater und Heiligem Geist, als der Menschgewordene im Zentrum der Welt und ihrer Geschichte –, sondern er verbindet überdies die beiden Kreise miteinander. Er ist der Weg, auf dem allein sich die Liebe des Vaters mitteilt und die Welt zu ihrer Vollendung beim Vater gebracht wird.

Im Eingang zum «Leben Jesu Christi» des Ludolf von Sachsen hat Ignatius das Wort aus dem 1. Korintherbrief gelesen: «Ein anderes Fundament kann niemand legen als jenes, das gelegt worden ist, und das ist Jesus Christus.» Auf diesem Fundament baut er sein Leben und sein Werk auf. Dabei liegt seine Christusmystik ganz auf der Linie der paulinischen Christologie, wie sie besonders in den Briefen an die Epheser und die Kolosser entworfen wird.

Es mag zunächst befremdend erscheinen, daß Ignatius, der so tief in das trinitarische Gottesgeheimnis hineingenommen wurde, in den Ordenssatzungen nie von der Dreifaltigkeit spricht und daß auch in den Exerzitien in einer einzigen Betrachtung von ihr die Rede ist. Die Erklärung dafür ist zu suchen in seiner «universalen» Christologie: Alle innerweltliche Gottbegegnung, im Sinn des absteigenden Schenkens Gottes und des aufsteigenden Dienstes des Menschen, geschieht in Jesus Christus. In diesem Glauben schließt Ignatius sein Wort vom Kreuzzeichen: «In Jesus unserem Heiland und Erlöser wohnt der Vater, der Sohn, der Heilige Geist, ein einziger Gott, unser Schöpfer und Herr.»[72]

Die einzige Stelle aber, an der er in den Exerzitien von der Dreifaltigkeit spricht, ist die Betrachtung über die Menschwerdung: Hier tut sich das Tor der Selbstmitteilung Gottes an die Welt auf und öffnet sich der trinitarische Kreis zum Christuskreis. Ignatius führt den Beter in verhaltener Ehrfurcht an dieses Geheimnis heran.

«Die erste Vorübung: Ins Gedächtnis rufen..., wie die drei göttlichen Personen die ganze Oberfläche oder das ganze von Menschen erfüllte Erdenrund überschauen und wie sie... in ihrer Ewigkeit sich entschlossen, daß die zweite Person Mensch werde, um das Menschengeschlecht zu retten.»

In der Mitte des ersten Betrachtungspunktes gilt es, zu «sehen und erwägen die drei göttlichen Personen wie auf ihrem königlichen Sessel oder Thron Ihrer Göttlichen Majestät, wie sie die ganze Erdoberfläche und das ganze Erdenrund überschauen und alle Völker sehen...» Im zweiten Punkt soll der Betrachtende dementsprechend «hören, was die göttlichen Personen sagen, nämlich: ‹Laßt uns die Erlösung des Menschengeschlechtes verwirklichen.›» Der dritte Punkt läßt betrachten, «was die göttlichen Personen tun, nämlich die Heiligste Menschwerdung ausführen». Das abschließende Zwiegespräch aber heißt zu überlegen, «was ich den drei göttlichen Personen sagen soll».[73] In der Menschwerdung des Sohnes erschließt sich das dreifaltige Gottesgeheimnis der Welt zu ihrem Heil.

Alle anderen Übungen der Exerzitien sind auf Jesus Christus ausgerichtet. Das ist offensichtlich für die Zweite bis Vierte Woche, da Jesus Christus ihr alleiniges Thema ist, und wird vom «Gespräch mit dem Gekreuzigten» her ebenso für die Erste Woche sichtbar. Doch auch das «Fundament und Prinzip» am Eingang und die «Betrachtung über die Liebe» zum Abschluß sind gültig nur von Jesus Christus her und auf ihn hin zu deuten.[74] Desgleichen vollzieht sich die Wahl ganz in der «Sinnesrichtung Christi» und im Raum der fortlaufenden Betrachtung der Mysterien seines Lebens. Selbst noch die Erfahrungen von Trost und Trostlosigkeit in den «Regeln zur Unterscheidung der Geister» sind von Christus her definiert.[75]

Im Buch des Ludolf von Sachsen hat Ignatius Jesus, den menschgewordenen Sohn, zum erstenmal wahrhaft entdeckt. Das «Leben Jesu Christi» und vor allem sein so liebevoll gemachter Auszug «auf dreihundert Quartblättern» bereiten ihn auf die mystische Begegnung mit dem neuen Herrn seines Lebens vor. Im Bericht des Pilgers gibt er Kunde von den vielen Christusvisionen. Sie beginnen in der Manresazeit und setzen sich fort auf der Pilgerfahrt ins Heilige Land. Auf ganz neue Weise werden sie ihm geschenkt im Gnadenjahr 1537 mit dem Höhepunkt La Storta. Sie vertiefen sich später in den Wochen, von deren mystischen Erfahrungen das Tagebuch ausführlich Zeugnis gibt. Für die letzten Lebensjahre bekennt er am Ende des Pilgerberichtes: «Auch jetzt noch würden ihm oftmals Erscheinungen zuteil, besonders solcher Art, wie sie zuvor beschrieben wurden, daß er nämlich Christus als Sonne sehe.»[76]

Die Person und das Werk Jesu Christi bilden bei Ignatius die Mitte seiner Mystik. Darum stellt sich die Frage nach den Grundzügen und der Eigenart seines mystischen Christusbildes und dessen Frucht in seinem Leben.

Sicher hat die Schau des Ignatius am Cardoner, die ihm «die Erkenntnis vieler Dinge über das geistliche Leben wie auch über die Wahrheiten des Glaubens» schenkt und «alles in neuem Licht» erscheinen läßt, «gleichsam als habe er einen neuen Verstand erhalten», auch die Christologie des Ignatius mitgeprägt. Und wenn ihm am Cardoner der Blick für den

Zusammenhang aller Mysterien geschenkt wurde, darf angenommen werden, daß ihm dort auch die zentrale Stellung Jesu Christi und die weltweite Dimension seines Werkes aufgeleuchtet sind. Am Cardoner hat Ignatius «im neuen Licht» erfaßt, daß alles Handeln Gottes in der Welt, in Schöpfung und Erlösung, durch Jesus Christus geschieht.

«Schöpfer und Herr»

Ganz im Sinn des Prologs zum Johannesevangelium und des Hymnus im Kolosserbrief ist Jesus Christus für Ignatius durchwegs der «Schöpfer und Herr». Dabei versteht er diesen Titel im ausschließlichen Sinn: «Schöpfer und Herr» bezieht sich bei Ignatius immer auf Jesus Christus. Nicht umsonst erscheint im Pilgerbericht die Vision der Schöpfung und die darauf folgende Schau der Person Christi im gleichen Zeichen hellglänzender Strahlen: Alle Schöpfung geschieht durch Jesus Christus. Er ist darum «der Ewige Herr aller Dinge» und «Herr der ganzen Welt», wie es an fundamentalen Stellen im Exerzitienbuch heißt.[77] In der Erwägung über die Armut vom Januar 1544 notiert er: «Der Schöpfer und Herr ist der menschgewordene Sohn der Jungfrau.»[78] Das Gespräch mit dem Gekreuzigten in der Ersten Woche der Exerzitien läßt den Beter fragen, «wie er als Schöpfer gekommen ist, um vom ewigen Leben zum zeitlichen Tod» niederzusteigen. Und in seinem Direktorium zu den Exerzitien sagt Ignatius von Jesus: «Er ist der gekreuzigte Schöpfer und Herr.» Im Examen Generale der Ordenssatzungen nennt er seinen Orden «Gesellschaft Jesu, unseres Schöpfers und Herrn». Und für die Kandidaten des Ordens wünscht er das Verlangen, in Schmähung und Verdemütigung «einigermaßen unserem Schöpfer und Herrn Jesus Christus ähnlich zu werden».[79] Solche Formulierungen ziehen sich durch das ganze geistliche Schrifttum des Ignatius: Jesus Christus ist in der Erniedrigung der Inkarnation und noch in der Schmach des Kreuzes immer der «Schöpfer und Herr». Wie sehr diese Sicht des Ignatius auch das Denken und Sprechen seiner Jünger geprägt hat, zeigt sich z.B. bei Nadal: Die Formel «Unser Schöpfer, Erlöser und Herr» kehrt bei ihm ständig wieder.

Zum Verständnis dieser «universalen» Christologie des Ignatius mag noch eine historische Erinnerung beitragen. Denn so entscheidend sein Christusbild von der mystischen Erfahrung geprägt ist, so sehr hat er sich auch durch viele Jahre hindurch gemüht, bei der Redaktion des Exerzitienbuches die mystischen Erkenntnisse am Maßstab der kirchlichen Lehre und an der Wissenschaft der Theologie zu messen. Nun hat er aber in Paris beim Franziskaner Petrus a Cornibus eine skotistische Christologie gehört. In dieser Theologie bildet die Menschwerdung des ewigen Sohnes den göttlichen Urplan der Kosmosverherrlichung, vorgängig zur Menschensünde und zum Werk der Erlösung. Sie sieht schon in der Schöpfung die Ermöglichung und den Beginn des Heilsgeschehens. Das menschgewordene Wort ist der «Anfang der Schöpfung» (Apg 3,14), «durch ihn sind die Äonen geschaffen worden, und er trägt das Weltall durch sein Machtwort, in ihm hat alles Bestand» (cf. Hebr 1,2–31; 2,8; Kol 1,15–17; 1 Kor 8,6). So darf auch die Christologie des Ignatius «skotistisch» genannt werden – unbekümmert um die Frage, was davon aus der mystischen Quelle, was aus dem Brunnen der Theologie geschöpft ist.

Im Tagebuch schreibt Ignatius einmal (27. Februar) von Jesus, «wie er als ganzer mein Gott ist». In diesem Sinn gebraucht er den Titel «Schöpfer und Herr» im vollen Gleichklang mit «Gott unser Herr» für den menschgewordenen Sohn des Vaters. Im Vorwort zu den Ordenssatzungen spricht er von der «Weisheit Gottes unseres Schöpfers und Herrn», die den Orden hat werden lassen. Entsprechend erhofft er sich dessen fruchtbare Erhaltung durch «die allmächtige Hand Christi unseres Gottes und Herrn».[80] Vom Ordensgeneral erwartet er Großmut und Tapferkeit des Herzens, «um große Dinge für Gott unseren Herrn zu beginnen» – und dies bis zur Bereitschaft, «den Tod für das Wohl der Gesellschaft im Dienst für Jesus Christus, Gott unseren Herrn, zu empfangen».[81] Er mahnt seine Jünger, «in allen Dingen Gott unseren Herrn zu suchen, indem sie die Liebe zu den Geschöpfen von sich entfernen, um sie auf deren Schöpfer zu richten»: Da der Titel des Schöpfers sich bei Ignatius immer auf Christus bezieht, ist dieser hier auch eindeutig mit «Gott unser Herr» gemeint.[82] In gleicher Weise heißt es in der Einleitung zum Vierten Teil der Satzungen, es sei das Ziel aller Studien, «Gott unsern Schöpfer und Herrn mehr zu erkennen»[83], was sich ebenfalls auf Christus bezieht. Die Formel der Letzten Gelübde von Professen und Koadjutoren in der Gesellschaft Jesu beginnt: «Ich verspreche dem allmächtigen Gott vor seiner jungfräulichen Mutter und dem ganzen himmlischen Hof...»[84] Die Anrede geht eindeutig auf Christus, dementsprechend auch der im gleichen Zusammenhang verwendete Titel «Göttliche Majestät». In diesem Sinn sagt Ignatius im gleichen Teil der Satzungen, man binde sich durch die Gelübde an Jesus Christus. So kann er auch in einem Brief so ganz selbstverständlich schreiben: «Jesus Christus ist der Herr und Gott aller geschaffenen Dinge.»[85] Oder ein andermal: «Gott unser Herr, der sich, obwohl er Gott war, zum Menschen machen wollte.»[86] Im Tagebuch spricht er von der Armut, «die Gott unser Herr so sehr lobt» (6. Februar). Und am 30. März bemerkt er: «...um der Ehre Gottes unseres Herrn willen, wie er im heutigen Evangelium sagt...» Dabei zitiert er ein Wort Jesu. Ebenso gibt es bei Ignatius den spontanen Übergang von «Gott unser Herr» zu «Christus unser Herr» und von «maior Dei gloria» zu «maior Christi gloria»: Verherrlichung Gottes ist unmittelbar Verherrlichung Christi.

Auch diese Beispiele, die aus dem Zusammenhang eindeutig zeigen, daß «Gott unser Herr» bei Ignatius von Jesus Christus ausgesagt wird, könnten aus seinem Schrifttum beliebig vermehrt werden. Wie der Titel «Schöpfer und Herr» so wird auch der Titel «Gott unser Herr» von Ignatius immer und ausschließlich für Jesus Christus verwendet. «Selbst solche von ihm häufig gebrauchte Formeln wie ‹Divina Maiestas› oder ‹Maiestas Tua sanctissima› sind christologisch zu verstehen: Seine Majestät ist der Gottmensch Jesus Christus.»[87] In seiner Person und in all seinen Werken ist Jesus Christus eben Manifestation und Werkzeug des ewigen Vaters, die innerweltliche Erscheinung des Gottesgeheimnisses.

In der Spur des Meisters

Die bei Ignatius dominanten Christustitel «Schöpfer und Herr», «Gott unser Herr» weisen auf sein Wirken hin. Jesus Christus ist für Ignatius, wieder im Einklang mit Paulus, ein hier und jetzt Gegenwärtiger und immerfort Wirkender, der den Auftrag des Vaters, in seinem Erdenleben begonnen, nun durch die Jahrhunderte fortsetzt und der Vollendung entgegenführt. Wie Jesus Christus einst die Apostel in seinen Dienst gerufen hat, wirbt er auch heute dienstbereite Mitarbeiter. So zeichnet ihn die fundamentale Betrachtung «Vom

Ruf des Königs»: «Christus unseren Herrn, den Ewigen König, schauen und vor ihm die ganze, allumfassende Welt, an die er (als ganze) sowie an jeden einzelnen im besonderen seinen Ruf richtet und spricht: Mein Wille ist es, die ganze Welt und alle Feinde zu unterwerfen und so in die Glorie meines Vaters einzugehen. Wer deshalb mit mir kommen will, hat sich zusammen mit mir abzumühen, damit er, wie er mir in der Mühsal folgte, so mir auch folge in der Glorie.»[88]

Das ist die Grundlinie des Lebens Jesu bei Ignatius: durch Mühen zur Herrlichkeit – ganz im Sinn der eigenen Lebensdeutung Jesu in den Evangelien. In Übereinstimmung damit sagt das offizielle Direktorium zu den Exerzitien: «Die Übung über den König ist also gleichsam das Fundament und das Vorwort dieses ganzen Traktates sowie die Summe und Zusammenfassung des Lebens und der Werke Christi des Herrn, im Hinblick auf den Auftrag, den ihm der Vater gegeben hat.»[89]

Durch die Betrachtung der Geheimnisse des Lebens Jesu von der Geburt bis zum Kreuztod soll der Beter sich in diese Grundstruktur vertiefen. Wie Jesus ganz im Willen des Vaters steht, so wird auch alle Jüngerschaft zum Tun mit Jesus in seiner Nachfolge und im Dienst an seinem Werk. Dem Anruf Christi entspricht deshalb in der Betrachtung «Vom Ruf des Königs» das Gebet der Hingabe: «Ewiger Herr aller Dinge, dir bringe ich mein Angebot dar mit deiner Huld und Hilfe, angesichts deiner unendlichen Güte und in Gegenwart deiner glorreichen Mutter und aller heiligen Männer und Frauen des himmlischen Hofes, daß ich verlange und ersehne und daß es mein wohlüberlegter Entschluß ist, wofern es nur zu deinem größeren Dienst und Lobpreis gereicht, dich nachzuahmen im Durchstehen allen Unrechts und aller

Schmähung und aller Armut, sowohl der äußeren wie der geistigen, wenn deine heilige Majestät mich zu solchem Leben und Stand erwählen und aufnehmen will.»[90]
Aus solchem Angebot wächst die Bitte, die alle Betrachtungen des Lebens Jesu durchzieht, um «innere Erkenntnis des Herrn, daß ich ihn je mehr liebe und ihm nachfolge».[91] Die zentrale Stellung Jesu Christi bestätigend, kann deshalb Hugo Rahner sagen: «Das Leben Jesu ist also für Ignatius... einfachhin das theologische Grundprinzip jedes geistlichen Lebens eines Christen, das in seinen Tiefen immer nur eine seinsmäßige, gnadenhafte Angleichung an den gestorbenen und auferstandenen Herrn der Glorie ist.»[92] Das leidenschaftliche «mit ihm», das die Geistlichen Übungen durchzieht, ist der Nachklang aus der Theologie des Paulus, der so eigenwillig neue Worte prägt, um die Schicksalsgemeinschaft mit Christus auszudrücken: mitleiden, mitgekreuzigtwerden, mitsterben, mitauferstehen, mitverherrlichtwerden.
Die Gemeinschaft mit Christus führt in den Exerzitien zu Nachfolge und Dienst. Schon im Gespräch mit dem Gekreuzigten in der Ersten Woche steht deshalb die Frage: «Was soll ich für Christus tun?»[93] Im Eingang zum «Ruf des Königs» ist zu bitten um die Gnade, «daß ich nicht taub sei für seinen Ruf, sondern schnell und bereitwillig seinen heiligsten Willen zu erfüllen».[94] Wie Jesus «seine Eltern verläßt, um frei zu sein für den reinen Dienst des Ewigen Vaters»[95], ist wieder zu beten «um Erkenntnis des wahren Lebens, das der höchste und wahre Befehlshaber zeigt, und um die Gnade, ihn nachzuahmen».[96] Solche Nachfolge führt zur «Dritten Weise der Demütigung»: daß ich, «um Christus unserem Herrn je mehr nachzufolgen und ihm je mehr in der Tat ähnlich zu werden, eher mit dem armen Christus Armut will denn Reichtum, mit dem schmacherfüllten Christus

Schmach denn Ehren und je mehr danach verlange, für einfältig und töricht gehalten zu werden denn für weise und klug in dieser Welt – um Christi willen, der zuerst als solcher angesehen wurde».[97]

Weil sich Jesu Christi Diensthingabe an den Vater im Kreuz erfüllt, vollendet sich auch das Drängen zur Nachfolge in der Teilnahme an der Passion. Was die Betrachtungen der Dritten Woche erstreben, umschreibt das Direktorium des P. Dávila: «Zu finden das Herz des Herrn mitten in den Stürmen seiner heiligsten Passion und uns aufzuwecken, in die Gemeinschaft mit dem gekreuzigten Christus zu treten, so daß wir sprechen können: amor meus crucifixus est [meine Liebe ist gekreuzigt].»[98] Ignatius selber hat in einem Brief dazu folgende Begründung gegeben: «Gottes Majestät entkleidete sich der Güter ihrer Glorie, um uns daran teilnehmen zu lassen. Sie nahm all unsere Armseligkeit auf sich, um uns davon frei zu machen, wollte verkauft werden, um uns loszukaufen, beschimpft, um uns zu verherrlichen, arm, um uns reich zu machen, in Schmach und Schmerzen zu Tode geführt, um uns unvergängliches und seliges Leben zu schenken.»[99]

Die dankbare Liebe will deshalb in treuer Nachfolge dieses Kreuz des Herrn umfassen. Darum sagt Ignatius zu den Richtern der Inquisition in Salamanca, die ihm drohen: «In ganz Salamanca gibt es nicht so viele Fußfesseln und Handschellen, als daß ich nicht um der Liebe Gottes willen noch mehr verlangte.»[100] Und im gleichen Sinn schreibt er später: «Es ist die Wahrheit, und Gott, der mich erschaffen hat und mein Richter sein wird, sei mein Zeuge: für keine Gewalt und für keinen Reichtum auf dieser Erde unter dem Himmel möchte ich meine Verfolgungen ungeschehen machen, ja ich sehne mich danach, daß mir noch ganz andere Dinge geschehen mögen zu Gottes größerer Ehre.»[101]

Das Gesetz der dienenden Nachfolge Christi durchformt seit Manresa das Leben des Ignatius und durchzieht sein ganzes geistliches Schrifttum: Der in der Mystik geschaute und verspürte Herr Jesus Christus ist das durchgängige Urbild und Motiv des eigenen Weges. Darauf zielt all sein Streben, «je mehr sich anzunähern unserem Hohenpriester, unserem Vorbild und unserer Regel, nämlich Christus unserem Herrn».[102]

Apostolischer Dienst

Die Gemeinschaft mit Jesus Christus, die sich in der Nachfolge ausdrückt, führt Ignatius zum Dienst am Werk Christi, der sein Leben für das Heil der Welt hingegeben hat. Durch die Mystik von Manresa ist er zum apostolischen Mann geworden. Dienst für Christus heißt für ihn deshalb Dienst am Heil der Welt. Wieder läßt sich anhand des Pilgerberichtes der Weg verfolgen, der die apostolische Idee bei Ignatius wachsen und reifen läßt. Es beginnt in Manresa mit dem Versuch, «einigen Seelen, die ihn aufsuchten, in Fragen des geistlichen Lebens Hilfe zu leisten».[103] Der nach der Jerusalemfahrt gefaßte Entschluß zum Studium ist ganz vom apostolischen Helferwillen motiviert.[104]

Neben den eigenen apostolischen Diensten versucht er schon in der spanischen Studienzeit, einen Jüngerkreis um sich zu scharen und das eigene Lebensziel auf ihn zu übertragen. Dieses Bemühen führt erst nach mehrmaligem Scheitern in Paris zum bleibenden Erfolg. Von Ignatius geformt in der Schule der Exerzitien, sind die Freunde erfüllt vom gleichen Willen zum apostolischen Dienst. Er selber erinnert im Pilgerbericht daran: «Damals hatten sie bereits darüber beraten, was sie unternehmen wollten, nämlich nach Venedig und dann nach Jerusalem zu gehen und ihr ganzes Leben dem Heil der Seelen zu widmen.»[105] Die Priesterweihe von Venedig und die ersten apostolischen Einsätze in Oberitalien führen dann, nach dem Scheitern des Palästinaplanes, zur Übergabe des apostolischen Wollens in die Verfügung des Papstes. Das Motiv des fruchtbareren Dienstes für die Menschen gibt den Ausschlag zur Ordensgründung. Ignatius umschreibt die gemeinsame Absicht im ersten der «Fünf Kapitel»:

«Wer immer in unserer Gesellschaft, der wir den Namen Jesu zu geben wünschen, unter dem Banner des Kreuzes für Gott kämpfen und unserem einzigen Herrn sowie seinem Statthalter auf Erden dienen will, sei sich in der Tiefe des Herzens bewußt, daß er... Glied einer Gemeinschaft wird, die gegründet ist zur Förderung der Seelen im christlichen Leben und in der christlichen Lehre, zur Ausbreitung des Glaubens durch das Amt des Wortes, durch Geistliche Übungen und Werke der Liebe...»[106]

In den Satzungen wird Ignatius den Universalismus der Arbeitsfelder und der Apostolatsmethoden festhalten. Darin spiegelt sich das universale Christusbild. Weil Christus das Heil der ganzen Welt sucht, will Ignatius dem Einsatz seiner Gemeinschaft auch keine Grenzen setzen – außer jener, die durch die Zahl der Mitarbeiter gegeben ist. Und weil Christus «Herr und Schöpfer» aller Dinge ist, muß auch nichts zum vornherein ausgeschlossen werden als mögliches Werkzeug des apostolischen Dienstes. Entscheidend aber ist immer die Verbindung mit Christus, damit der einzelne und der ganze Orden ein brauchbares Instrument im Dienst des einzigen und wahren Herrn bleibt. In solchem Dienst erfüllt sich das «mit mir sich abmühen» aus der Betrachtung «Vom Ruf des Königs» und das Bild aus der Betrachtung von «Zwei Bannern»: «Erwägen wie der Herr der ganzen Welt so viele Personen, Apostel, Jünger usw. erwählt und sie über die ganze Welt aussendet, damit sie seine heilige Lehre über alle Stände und Lebenslagen der Personen ausbreiten.»[107]

Universaler Mittler

So umfassend auch die Stellung Jesu Christi in der Welt ist, er bleibt doch immer nur der Mittler: vom Vater zur Welt, von der Welt zum Vater. Im innertrinitarischen Kreis empfängt der Sohn alles vom Vater und gibt er alles an den Vater zurück. Dieses innergöttliche Urverhältnis zwischen Vater und Sohn bildet sich nach in der Mittlerrolle des menschgewordenen Sohnes Jesus Christus. So verbinden sich in ihm die beiden Kreise: Er ist Mitte und Durchgang, der Vater ist das Ziel aller Menschen und aller Welt. Christus ist der Führer und Weg, Ort und Medium der Gotteserfahrung. Alle Mitteilung der göttlichen Liebe an die Welt in Schöpfung und Erlösung geschieht in ihm, ebenso vollzieht sich alle Heimkehr von Mensch und Welt durch ihn. Er ist das Ursakrament. «Nachdem nun einmal das Unerhörte geschehen ist, daß Gott-Sohn Mensch wurde, ist er in allem und überall wesentlich Mittler, Führer, Vorbild, Weg zum Vater, Offenbarer des Vaters.»[108]

Ignatius hat schon in Manresa diese Mittlerfunktion Jesu Christi erfaßt. Es ist wieder das große Licht vom Cardoner, das ihm den tiefen Einblick in diese einzigartige Stellung des menschgewordenen Sohnes schenkt. Ihren Ausdruck findet seine Erfahrung deshalb in der noch auf Manresa zurückgehenden Urform der Exerzitien und kehrt ganz stark im Tagebuch wieder.

Von Anfang an erscheint untrennbar von Christus auch Maria in diesem Mittlerkreis. Aus ihr ist der Sohn des Vaters Mensch geworden, und so steht sie als die mütterliche Mittlerin in der absteigenden Linie der göttlichen Mitteilung vom Vater durch Jesus Christus zur Welt hin. Darum erhält sie auch ihren dem Abstieg entsprechenden Platz im Aufstieg durch Christus zum Vater. Indem Ignatius derart die heilsgeschichtliche Rolle Marias erfaßt, bekommt seine ganze Marienverehrung ihren eigenen Platz. Hier ist schon die Ritterwacht von Montserrat einzuordnen: Jetzt, da Ignatius aufbricht zum neuen Leben mit Christus, stellt er sein Beginnen unter den Schutz der Señora. In ähnlicher Weise ist sie auch die qualifizierte Zeugin der Oblation in der Königsbetrachtung der Exerzitien.

Diese Erkenntnis von Marias Stellung im Heilsplan findet ihren klassischen Ausdruck im Dreifachen Zwiegespräch der Exerzitien, das bereits in der dritten Übung der Ersten Woche erscheint und dann von der Betrachtung über «Zwei Banner» an das Beten der Geistlichen Übungen durchformt: «Ein Gespräch mit Unserer Herrin, damit sie mir vom Sohn und Herrn die Gnade erlange, unter sein Banner aufgenommen zu werden. ... Dasselbe nochmals erbitten vom Sohn, damit er es mir vom Vater erlange. Dasselbe nochmals erbitten vom Vater, damit er es mir gewähre.»[109] Maria ist Mittlerin zum Sohn, der Sohn ist Mittler zum Vater. Auch für die Wiederholungen bemerkt Ignatius: «...wobei immer die drei Zwiegespräche mit Unserer Herrin, dem Sohn und dem Vater den Schluß bilden.»[110] Auch die nächste Übung «Über die drei Menschengruppen» ist auf gleiche Weise abzuschließen: «Es sind die drei gleichen Zwiegespräche zu halten wie in der vorhergehenden Betrachtung über die Zwei Banner.»[111] Desgleichen merkt er für die Übungen des fünften Tages an: «Schließen mit den drei Zwiegesprächen.»[112] Und wieder am Schluß der Besinnung über «Drei Weisen der Demut»: «Wer deshalb diese dritte Weise der Demut erlangen will, dem ist es überaus nützlich, die drei Zwiegespräche zu halten und zu bitten, Unser Herr möge ihn zu dieser dritten je größeren und je besseren Weise der Demut erwählen, um ihm je mehr nachzufolgen und zu dienen.»[113] Auch in der Dritten Woche kehrt der Hinweis auf diese Weise des Betens wieder: «Schließlich bitte ich um das, was ich eindringlicher in bezug auf bestimmte besondere Dinge ersehne. Auf diese Weise kann man ein einziges Gespräch mit Christus dem Herrn halten, oder wenn der Stoff oder die Andacht dazu bewegt, kann man drei Zwiegespräche anstellen, eines mit der Mutter, ein anderes mit dem Sohn, ein weiteres mit dem Vater.»[114]

Im Bericht des Pilgers erinnert sich Ignatius, wie er in den Wochen nach der Priesterweihe und auf dem Weg nach Rom «sich vorgenommen hatte... zu Unserer Lieben Frau zu beten, sie möchte ihn ihrem Sohn zugesellen.»[115] In der Eile, mit der P. da Câmara die letzten Seiten des Berichtes vollenden muß, dürfte er dieses Wort als Kurzformel für das Dreifache Zwiegespräch aus der Betrachtung von «Zwei Bannern» verwendet haben. Über die Mittler hat Ignatius damals vom Vater die Gnade erfleht, Christus zugesellt zu werden. In diesem Licht steht dann die Erfüllung der Bitte, wie er sie in La Storta erfährt: Der Vater gewährt die Gnade, indem er zum Sohne spricht: «Ich will, daß du diesen zu deinem Diener annimmst.» Der Sohn aber ist der Ausführende: «Ich will, daß du uns dienst.»[116]

Im großen Anliegen der Armutsfrage von 1544 trägt Ingatius das Anerbieten seiner Wahl mit der Bitte um die göttliche Bestätigung über die Mittler zum Vater: «Ich schaute, wie die Mutter und der Sohn zur Fürsprache beim Vater geneigt waren.» (5. Februar) «Mir schien, daß die beiden Mittler Fürsprache eingelegt hatten.» (7. Februar) «Ich wollte dies [den Willen zur vollen Armut] dem Vater durch die Vermittlung und die Bitten der Mutter und des Sohnes darbieten. So richtete ich das Gebet zuerst an die Mutter, damit sie mir bei ihrem Sohn und dem Vater helfe; danach betete ich zum Sohn, er möge mir gemeinsam mit der Mutter beim Vater helfen. Da verspürte ich in mir, wie ich vor den Vater ging oder geführt wurde.» (8. Februar) «Da kam ich in sehr große Andacht... und ich verspürte, daß die Mutter und der Sohn Fürsprache leisteten.» (13. Februar) Gelegentlich nennt er nur einen der Mittler: «Ich verspürte, wie der Sohn sehr zur Fürsprache geneigt war.» (14. Februar) Oder: «Ich verspürte und schaute sehr Unsere Herrin, wie sie mir vor dem Vater sehr geneigt war.» Und dann fährt er fort: «Sogar bei den Gebeten zum Vater und zum Sohn und bei seiner Wandlung konnte ich nichts anderes als sie verspüren und schauen, wie jemand, der Mitursache oder Pforte für eine so große Gnade ist, wie ich sie im Geiste verspürte.» (15. Februar)

Wenn sein Beten ganz dringlich wird, z.B. zum Abschluß seiner Wahl in der Armutsfrage, weitet er den Kreis der Mittler aus: «Ich hielt Zwiesprache über viele Dinge und bat die Engel, die heiligen Väter, die Apostel und Jünger und alle Heiligen usw. und machte sie zu meinen Fürsprechern bei Unserer Herrin und ihrem Sohn; auch diese wieder bat und flehte ich von neuem in langen Gesprächen an, daß meine endgültige Bestätigung und meine Danksagung vor den Thron der Heiligsten Dreifaltigkeit aufsteigen möge.» (18. Februar)

Auffallenderweise tritt im Tagebuch von diesem Tag an, da er die erbetene Bestätigung erhalten hat, das Gebet über die

Mittler in den Hintergrund, ohne ganz zu verschwinden. Denn gerade jetzt beginnen die großen mystischen Erleuchtungen über die Dreifaltigkeit und die göttliche Wesenheit: Ignatius bewegt sich ganz im trinitarischen Kreis. Sowohl in den Exerzitien wie im Tagebuch erscheint das Beten über die Mittler vor allem dann, wenn große Gnaden zu erbitten sind. In den Geistlichen Übungen geht es um das «Christus zugesellt werden», im Tagebuch um die Bestätigung der wichtigen Armutsentscheidung.
La Storta ist der Brennpunkt der reichen und fruchtbaren Christusmystik des Ignatius. Fortan weiß er sich mit unerschütterlicher Sicherheit vom himmlischen Vater dem kreuztragenden Christus zugesellt zum Dienst. Wie die trinitarische Mystik sich vollendet im «amor reverencial» und damit zu einer Mystik des Dienstes wird, so ist auch seine Christusmystik ganz Dienstmystik. Denn Jesus Christus, den er in der mystischen Erfahrung «schaut und verspürt», ist immer der Knecht Gottes. Mit ihm Knechtsdienst vor dem Vater zu leisten, ist darum das Anliegen des Ignatius.

In der diensttuenden Kirche

Der Weg des Ignatius führt von La Storta nach Rom, das heißt zur Kirche und zum Papst. Dieser Weg ist Sinnbild: Die Christusmystik des Ignatius weitet sich zur Kirchenmystik. Auch dafür bildet Manresa den Einstieg. «Damals gab ihm der Herr ein großartiges Verstehen und ein lebendiges Fühlen der göttlichen Mysterien und der Kirche.»[117] In diesem Zeugnis des Nadal sind die «göttlichen Mysterien» und die «Kirche» in einem Satz zusammengefaßt. Denn der Abstieg vom Vater über den Sohn geht zur Kirche. In gleicher Weise vollzieht sich der Aufstieg von der Kirche zu Christus und durch ihn zum Vater.

Leib und Geist

Daß in dieser Linie die Kirche an Stelle Marias genannt wird, hat einen tiefen Sinn: Maria ist Urbild der Kirche gerade auch in ihrer Rolle der Mittlerin. Wie Ignatius Maria und Jesus oft im gleichen Atemzug nennt, so sieht er auch die Kirche stets in ihrer untrennbaren Einheit mit Christus. Sie ist die Mittlerin von Christus her zur Welt und von der Welt zu Christus. Hinter den harten Strukturen der hierarchischen Kirche lebt für ihn das Geheimnis «der wahren Braut Christi unseres Herrn, die da ist unsere heilige Mutter» der Seelen.[118] Ignatius ist überzeugt, daß «in Christus Jesus unserem Herrn, dem Bräutigam, und in der Kirche, seiner Braut, derselbe Geist wohnt, der uns zum Heil unserer Seelen leitet und lenkt.»[119]

Dieser Mystiker der Kirche hat an sich selber erfahren, wie hart, ja ungerecht die strukturellen Organe und Ämter der Kirche sein können. In neun Inquisitionsverfahren, die von Alcalá bis Rom gegen ihn laufen, wird er nicht nur von der Amtskirche in seiner Rechtgläubigkeit verdächtigt. Sie verbietet ihm auch, wenigstens auf Zeit, den apostolischen Dienst, mit dem er ihr zu Hilfe kommen will. Doch deswegen wird er nicht irre an der Kirche. Denn auch in ihrem beschmutzten Kleid ist sie für ihn die Braut des Herrn.

Dabei hat die mystische Liebe Ignatius nicht blind gemacht für die großen Bauschäden am Haus der Kirche, und er weiß auch, wo die Reform ansetzen müßte. P. da Câmara hat dazu in seinem Tagebuch ein Wort des Ignatius festgehalten. Es gehört in die Zeit nach der Wahl des Kardinals Cervini, der als Marcellus II. zur großen Hoffnung für die Reform wurde, aber schon nach zweiundzwanzig Tagen seines Pontifikates starb. «Als die Patres sich in Gegenwart unseres Vaters darüber [die Papstwahl] unterhielten, antwortete er: für jeden Papst würden zur Reform der Welt drei Dinge notwendig sein und genügen: die Reform der eigenen Person, die Reform seines Hauses und die Reform des römischen Hofes und der Stadt Rom.» [120]

Im mystisch erleuchteten Glauben sieht Ignatius aber immer hinter der brüchigen Fassade das innere Geheimnis der Kirche. Sie ist der Ort des Geistwirkens und darum auch das entscheidende Kriterium für die Unterscheidung der Geister. So hat er schon am 18. Juni 1536 an Sr. Teresa Rejadella nach Barcelona geschrieben: «Dieses innere Gefühl [der Tröstung], das wir wahrnehmen, besagt notwendig, daß wir uns gleichförmig machen mit den Geboten und Vorschriften der Kirche im Gehorsam gegen unsere Obern, denn der gleiche göttliche Geist wirkt in allen.» [121]

Darum muß sich auch eine so persönliche und innerliche Sache wie die im Spiel von Trost und Trostlosigkeit zu treffende Wahl, in der ein Mensch den je eigenen und einmaligen Willen Gottes für sein Leben sucht, «innerhalb der heiligen Mutter, der hierarchischen Kirche vollziehen». [122]

Seine Kirchentheologie hat Ignatius im Schreiben an den äthiopischen Kaiser ausgesprochen: «Außerhalb der Kirche, die nur eine ist, gibt es kein Gut, denn wer nicht mit ihrem Leib vereint ist, wird von Christus unserem Herrn, der ihr Haupt ist, nicht das Wirken der Gnade empfangen, die seiner Seele das Leben schenkt und sie für die Seligkeit vorbereitet. ... Denn wenn es eine einmalige Gnade ist, in Einheit zu sein mit dem geheimnisvollen Leib der katholischen Kirche, der belebt und gelenkt ist durch den Heiligen Geist, den Lehrer aller Wahrheit, … dann ist es auch eine große Gnade, vom Licht der Wahrheit erleuchtet und in der Festigkeit der Kirche begründet zu sein, von der der heilige Paulus sagt, daß sie das Haus Gottes, die Säule und Grundlage der Wahrheit ist (1 Tim 3,15), und der Christus unser Herr seinen Beistand verheißen hat, indem er sagt: Ich bin bei euch alle Tage bis zum Ende der Zeiten (Mt 28,20).»[123]

In der gleichen Inspiration aus der Mystik des Ignatius schreibt Nadal in seinem geistlichen Merkbuch über die Einheit von Geist und Kirche: «Diese friedvolle Erhebung der Seele, diese Einigung mit der höchsten Kraft und dem höchsten Licht, war dem Vater Ignatius ganz vertraut. Seine Einsichten und seine Entscheidungen flossen aus der ununterbrochenen Verbindung mit der Kraft von oben, so daß alle anderen Weisen des Verstehens ihm als zweitrangig vorkamen. Wenn aber diese Weise des Erkennens ausbleibt, muß man zu einer natürlichen Weise seine Zuflucht nehmen. Ja noch mehr, auch wenn jene höhere Weise im Überfluß gegeben ist, muß sie doch immer in Übereinstimmung stehen mit den Heiligen Schriften, den Tugenden, der rechten Vernunft – kurz: mit der Kirche.»[124]

Wie Jesus Christus als der Knecht im Dienst des Vaters steht, so steht auch die Kirche als Magd im Dienst ihres Herrn. Sie leistet ihn als Dienst an seinem Evangelium, das aller Welt verkündet werden soll, im Dienst an seiner Gnade, die sie als universales Heilssakrament vermittelt, durch den Dienst der Liebe in der Diakonie an den Menschen und ihrer Gemeinschaft.

In den Dienst dieser dienenden Kirche stellt Ignatius seinen Orden: Wie für ihn die Christusmystik zum Christusdienst wird, so drängt auch alle Kirchenmystik zum Kirchendienst. Darum übereignet er den Orden in einem eigenen Dienstgelübde an die Kirche in ihrem sichtbaren Haupt, dem römischen Papst. «Gott unserem einzigen Herrn und dem römischen Papst, seinem Stellvertreter auf Erden, Dienst leisten» ist nach dem ersten der «Fünf Kapitel» der eine Dienst, dem Ignatius seinen Orden weiht.

Im Vordergrund dieses Papstgelöbnisses steht eine ganz rationale Überlegung, die auf Paris zurückgeht. In Erinnerung an Montmartre sagt Ignatius zwanzig Jahre später im Pilgerbericht: «Damals hatten sie schon darüber beraten, was sie unternehmen wollten, nämlich nach Venedig und dann nach Jerusalem zu ziehen und ihr ganzes Leben dem Heil der Seelen zu widmen.» Die Erinnerung an sein eigenes Scheitern zehn Jahre früher läßt den Freundeskreis an eine, vorerst freilich noch sehr hypothetische Alternative denken: «Wenn man ihnen aber nicht die Erlaubnis zu einem dauernden Aufenthalt gäbe, wollten sie nach Rom zurückreisen und sich dem Stellvertreter Christi zur Verfügung stellen, damit dieser sie dann dort einsetze, wo nach seinem Urteil mehr für Gottes Ehre und das Heil der Seelen zu erreichen sei.»[125]

Der Krieg zwischen Venedig und der Türkei macht den Palästinaplan zunichte. So lösen Ignatius und seine Freunde im November 1538 die nun fällige Alternative ein, indem sie sich dem Papst zum Dienst übergeben. Zur gleichen Zeit wird im Vatikan die Prunkhochzeit zwischen Ottavio Farnese, dem Enkel Pauls III., und Margarita d'Austria, der natürlichen Tochter Kaiser Karls V., gefeiert. Dieser verweltlich-

ten Renaissancekirche will Ignatius mit seinem Orden dienen und durch solchen Dienst zu ihrer Reform beitragen.
Die zentrale Bedeutung des Sendungsgehorsams dem Papst gegenüber hat Ignatius in den Jahren 1544/45, als er an Entwürfen zum späteren Siebenten Teil der Satzungen arbeitete, in das Wort gekleidet: «seiendo la tal promesa nuestro principio y principal fundamento».[126] Er sieht also in diesem Versprechen «das Prinzip und erstrangige Fundament» des Ordens und spielt dabei auf die Grundüberlegung der Exerzitien an. Wie dort das «Fundament und Prinzip» in kürzester Form die ganzen Geistlichen Übungen zusammenfaßt, so drückt der Sendungsgehorsam dem Papst gegenüber die Grundidee des Ordens aus: «Gott Dienst leisten unter dem römischen Papst».
In der endgültigen Redaktion der Satzungen beginnt der Siebente Teil, der thematisch vom apostolischen Dienst handelt, mit den Sendungen durch den Papst: «Und weil an erster Stelle die Aussendung durch den Papst als die allerwichtigste behandelt werden soll, so ist festzuhalten, daß die Absicht des Gelübdes, dem obersten Statthalter Christi ohne irgendeine Ausflucht zu gehorchen, darauf gerichtet war, daß er die Gesellschaft nach allen Seiten aussende, unter Gläubige oder Ungläubige, wo immer er es für die göttliche Ehre und das Heil der Seelen als zweckmäßig erachtet; die Neigung der Gesellschaft ging nicht dahin, an irgendeinen besonderen Ort hinzugehen, vielmehr über den Erdkreis nach verschiedenen Ländern und Orten zerstreut zu werden, und sie wünschte, darin besser zum Ziel zu gelangen, indem sie die Verteilung ihrer Mitglieder dem Papst überließ.»[127]
Der einzige Sinn des Papstgelübdes ist also der apostolische Dienst. Ignatius hat es in den Satzungen nochmals betont: «Die ganze Absicht dieses Gelübdes, dem Papst zu gehorchen,

war und ist auf die Aussendungen gerichtet.»[128] Es hat nichts mit Papstkult oder gar päpstlichem Triumphalismus zu tun. Gegen eine Überforderung des Gelübdes hat sich schon Nadal in einem Brief an Laínez gewandt: «Obwohl die Männer der Gesellschaft Jesu ‹Papisten› sind, so sind sie das doch nur dort, wo sie es sein müssen, und in nichts darüber hinaus, und auch das immer nur mit dem Blick auf die Glorie Gottes allein und auf das allgemeine Wohl.»[129] Dabei kann sich Nadal auf Ignatius selber berufen, der den nach Deutschland gesandten Mitbrüdern den Rat gab: «Ihre Verteidigung des Apostolischen Stuhles und seines Ansehens und Ihr Bemühen, die Menschen zum Gehorsam gegen denselben zu führen, gehe nicht so weit, daß Sie sich unüberlegt ereifern und als Papisten verschrien werden.»[130]

Wieder ist dieser Dienst ganz Ausdruck der Mystik. Ignatius sieht im Papst stets den Repräsentanten Christi, dem allein er dienen will. Polanco hat diese letzte Begründung des Papstgehorsams ausgesprochen, wenn er von den ersten Gefährten des Ignatius sagt: «Sie waren ganz überzeugt davon, daß Christus selber sich durch die Vermittlung seines Stellvertreters würdigen werde, ihnen den Weg seines größeren Dienstes zu zeigen.»[131] Noch präziser zeichnet Nadal den Zusammenhang: «Es schreitet die Gesellschaft Jesu voran auf dem Weg des Geistes unter dem Banner des Kreuzes. Denn sie tut Knechtsdienst allein für Gott den Herrn, das heißt für die Kirche, seine Braut, und dies unter dem Römischen Pontifex, dem Vikar Christi auf Erden.»[132] Ignatius selber schreibt in einem Brief der römischen Anfänge: «Wir haben uns dem Papst überantwortet, denn er ist der Herr über die ganze Ernte Christi. Und indem wir uns ihm übergaben, haben wir ihm erklärt, daß wir bereit seien für alles, was er von uns wünsche in Christus. Und wir machten dieses Versprechen, uns seinem Urteil und seinem Willen zu unterwerfen, weil wir wissen, daß er eine besondere Kenntnis von dem hat, was für die ganze Christenheit von Nutzen ist. ... Möge sich einzig erfüllen, was Christus wohlgefällt. Beten Sie deshalb für uns, daß er aus uns seine Diener am Wort des Lebens mache.»[133]

Dienst für Kirche und Papst ist für Ignatius Dienst am Wort des Lebens, das Jesus Christus ist. «Die Kirche ist ja für Ignatius nicht nur eine äußere Organisationsform oder der Raum, in dem er sich und seinen Orden einsetzt, sondern in erster Linie die Sichtbarkeit und Verleiblichung des Herrn selbst, zu dessen je größerer Verherrlichung er seinen Dienst in der Kirche anbietet. Und deshalb ist sein letztes Wort nicht die Ein- und Unterordnung oder der Gehorsam gegenüber der Wirklichkeit der Kirche, sondern das Gebot der Liebe zu eben dieser Kirche.» (B. Schneider)[134]

Die dienende Liebe zur Kirche wurzelt zutiefst in der dienenden Liebe zu Christus dem Herrn, die sich wiederum herleitet aus seiner dienenden Liebe zum Vater. Alle diese Stufen dienender Liebe gründen in der Mystik des Ignatius und sind nur ihre Ausstrahlung. In der mystischen Erfahrung entzündet sich seine Liebe, alle Liebe des Ignatius aber will dienen. Zu solcher Liebe hat er in einem Rundbrief seine Mitbrüder ermuntert: «Wir müssen den ganzen Leib der Kirche in ihrem Haupt Jesus Christus lieben.»[135]

Der Welt zugewandt

Die Mystik des Ignatius hat es seit ihren Anfängen auch mit der Welt der geschaffenen Dinge zu tun. Das ist indirekt schon gegeben mit dem mystischen Bild von Jesus Christus, dem «Schöpfer und Herrn», und mit dem apostolischen Dienst in der Kirche, die Heilssakrament für die Welt ist. Aber die Welt nimmt auch unmittelbar einen wichtigen Platz ein in seiner Mystik des Dienstes.

Weltflucht

Er beginnt den Bericht des Pilgers mit dem Satz: «Bis zum Alter von sechsundzwanzig Jahren war er den Eitelkeiten der Welt ergeben, und hauptsächlich fand er aus einem unbändigen und eitlen Verlangen, sich Ruhm zu gewinnen, sein Gefallen an Waffenübungen.»[136] Mit den beiden Stichworten «Eitelkeit» und «Ruhm gewinnen» charakterisiert er treffend den ersten Abschnitt seines Lebens. (Die Altersangabe ist ein Irrtum – wohl des Schreibers; Ignatius stand bei seiner Bekehrung im 30. Lebensjahr.)
Für seine Eitelkeit gibt er zwei Beispiele: Er war «früher entsprechend den Gepflogenheiten jener Zeit sehr auf die Pflege seines Haares bedacht und hatte immer eine schöne Frisur».[137] Das andere hat mit seiner Kriegsverwundung zu tun: «Als nun die Knochen wieder zusammengewachsen waren, blieb unterhalb des Knies ein Knochenstück über das andere geschoben. Deshalb war dieses Bein kürzer als das andere, und das Knochenstück stand derart heraus, daß es ein häßlicher Anblick war. Das konnte er nicht anstehen lassen, da er entschlossen war, seine weltliche Karriere fortzusetzen.»[138] Deshalb läßt er sich den hervorstehenden Knochen in einer schmerzreichen Operation absägen.
«Ruhm gewinnen» war das zweite Grundmotiv seines bisherigen Lebens. Noch auf dem Krankenlager träumt er von

«Großtaten, die er zu vollbringen wünschte» und von den «Waffentaten im Dienst einer hohen Dame, die nicht von gewöhnlichem Adel oder bloß Gräfin oder Herzogin» war.[139] Polanco erwähnt überdies «Geschick und Umsicht für die Angelegenheiten der Welt».[140] Diese diplomatischen Fähigkeiten hat Inigo z.B. im Aufstand der Comuneros unter Beweis gestellt.

Die Bekehrung, die in Loyola beginnt und in Manresa durch die schmerzvolle Läuterung der zweiten Etappe zum Abschluß kommt, führt Ignatius zunächst zu einer radikalen Flucht von der Welt. In seinem noch unerleuchteten Eifer «nimmt er sich immer schwierige und mühsame Aufgaben vor» nach dem Vorbild der Heiligen, deren Leben ihm zum Vorbild wird. Diese schwierigen Werke heißen für ihn «barfuß nach Jerusalem zu gehen und nur noch wilde Kräuter zu essen und alle anderen Kasteiungen auf sich zu nehmen»[141] und «beständig ein Leben der Buße zu führen».[142] Die erste Zeit in Manresa ist noch geprägt von dieser harten Buße. Sie richtet sich auch gegen die frühere Eitelkeit. Deshalb unterläßt er jede Pflege seines Äußeren.

Doch mitten in der systematischen Darstellung der mystischen Erfahrungen bekennt er im Pilgerbericht: «In dem gleichen Manresa, wo er ungefähr ein Jahr lang blieb, gab er jene früher geübten Strengheiten auf, seitdem er Gottes reichen Trost einmal spürte und die Frucht sah, die er im Verkehr mit Menschen in deren Seelen erreichte.»[143] Das ist Vorzeichen für eine neue, nun geläuterte Zuwendung zur Welt: Sie kommt vom Trost des mystischen Lichtes und von den ersten apostolischen Erfahrungen her. Darin klingen schon die beiden entscheidenden Motive seines späteren Weltdienstes an.

Die Abkehr von der Welt, die sich zuerst nur im Nein der

harten Buße kundgab, wandelt sich durch die mystische Erfahrung von Manresa zur Hingabe an den dreifaltigen Gott in der Nachfolge des gekreuzigten Christus. So vollführt Ignatius die Wallfahrt ins Heilige Land zwar in der totalen Armut, äußerlich also in der ursprünglich vorgenommenen Härte. Aber ein neues Motiv steht in seinem Herzen. Jetzt ist er ganz getragen und erfüllt vom einzigen Vertrauen in die Vorsehung Gottes, die schon für ihn sorgen wird.

Diese Wandlung drückt sich noch stärker aus im Grundstock der Exerzitien, die mit den beiden Betrachtungen «Vom Ruf des Königs» und von «Zwei Bannern» sicher auf Manresa zurückgehen. Dem Anruf des Königs, «zusammen mit mir sich abzumühen» antwortet er mit dem «wohlüberlegten Entschluß, Dich nachzuahmen im Durchstehen allen Unrechts und aller Schmähung und aller Armut». Er will dem Herrn nachfolgen, der «in größter Armut geboren» wurde «und am Ende von so viel Mühen, von Hunger und Durst, von Hitze und Kälte, von Schmähungen und Beschimpfungen am Kreuze starb und das alles für mich».[144] Was er in der Betrachtung von «Zwei Bannern» als Ideal der ungeteilten Nachfolge zeichnet und in der Besinnung über «Drei Weisen der Demut» vertieft, ist sein innerstes Verlangen: der Welt abzusterben in der vollen Angleichung an Christi Weg und Leben. In La Storta ist dieses Drängen seines Herzens vom Himmel bestätigt worden. Vom Vater weiß er sich dem kreuztragenden Christus zugesellt.

Dieses Verlangen nach der Gleichförmigkeit mit Christus drückt der sonst so wortkarge Ignatius im «Examen Generale» der Satzungen auf seltsam wortreiche Weise aus: «Sehr wichtig ist ferner, die Kandidaten des Ordens darauf hinzuweisen und ihnen ans Herz zu legen und in seiner ganzen Bedeutung vor Gott unserem Herrn vorzustellen, in wie hohem

Maß es im geistlichen Leben hilfreich und förderlich ist, gänzlich und nicht nur teilweise alles zu verabscheuen, was die Welt liebt und umarmt, und alles das zuzulassen und mit allen Kräften, mit denen man es vermag, zu ersehnen, was Christus unser Herr geliebt und umarmt hat. Denn wie die weltlichen Menschen, die der Welt folgen, Ehren, guten Ruf und Ansehen eines großen Namens auf Erden mit solchem Eifer lieben und suchen, wie die Welt sie lehrt, so lieben und verlangen jene, die im Geist gehen und ernstlich Christus unserem Herrn nachfolgen, mit aller Kraft das ganze Gegenteil, nämlich sich aus der ihm geschuldeten Liebe und Ehrfurcht mit der gleichen Kleidung und Diensttracht zu kleiden wie ihr Herr, so daß sie sogar, wo es für seine göttliche Majestät keine Beleidigung ist noch dem Nächsten zur Sünde angerechnet wird, danach verlangen, Schmähungen, falsche Zeugnisse und Beschimpfungen zu erdulden und für Toren gehalten und angesehen zu werden – ohne selbst Anlaß dazu zu geben –, weil sie danach verlangen, einigermaßen unserem Schöpfer und Herrn Jesus Christus ähnlich zu sein und ihn nachzuahmen, indem sie sich mit seiner Kleidung und Diensttracht kleiden. Denn er selbst hat sich damit zu unserem größeren geistlichen Nutzen gekleidet und uns ein Beispiel gegeben, damit wir mit Hilfe seiner göttlichen Gnade willens seien, ihn in allen Dingen, wo wir es vermögen, nachzuahmen und ihm zu folgen, da er ja der Weg ist, der die Menschen zum Leben führt.»[145] Dieses Wort ist bei Ignatius gelebte Tat. Er ist mit Paulus «der Welt gekreuzigt».

Der so ganz weltfrei Gewordene kann sich nun aus dieser Freiheit heraus wieder ganz der Welt zuwenden. Wie die Erfahrung von Manresa angedeutet hat, ist die Hinkehr zur Welt bestimmt durch die mystische Erkenntnis, und sie steht ausschließlich im Dienst für die Menschen. Die Schöpfungsvision läßt ihn die Welt im Licht des Schöpfers sehen: Als geschaffene ist diese Welt von ihrem Ursprung her gut, zugleich aber relativ. Im «Fundament» der Geistlichen Übungen faßt er diese Erkenntnis in das knappe Axiom: «Die andern Dinge auf der Oberfläche der Erde sind zum Menschen hin geschaffen, und zwar damit sie ihm bei der Verfolgung des Zieles helfen, zu dem hin er geschaffen ist. Hieraus folgt, daß der Mensch dieselben soweit zu gebrauchen hat, als sie ihm auf sein Ziel hin helfen, und sie soweit lassen muß, als sie ihn daran hindern.»[146]
Diese Logik des Handelns erfährt er aber bedroht durch den Anreiz der Welt und durch die Zu- und Abneigung des Menschenherzens. Daraus ergibt sich die praktische Folgerung der Indifferenz: «Darum ist es notwendig, uns allen geschaffenen Dingen gegenüber gleichmütig zu verhalten in allem, was der Freiheit unseres Willens überlassen und nicht verboten ist.»[147] Um solche Indifferenz als Freiheit des Herzens bemüht er sich in ständiger Abtötung aller ungeordneten Weltliebe und in der Verleugnung des eigenen ungeordneten Verhaltens. Seine Weltliebe ist fortan ganz gezeichnet mit dem Kreuz.
Das Ja zur Welt steht für Ignatius seit Manresa unter dem einzigen Ziel seines Lebens: «den Seelen helfen», wie seine Lieblingsformel für den apostolischen Dienst durchwegs lautet. Von der mystisch begründeten Schöpfungstheologie her

können «alle Dinge» Werkzeug dieses Dienstes werden, umgekehrt steht alle Weltzuwendung unter dem Gesetz des apostolischen Dienstes: die Dinge der Welt soweit benützen, als sie dafür geeignete Werkzeuge sind, und sie lassen, wenn sie diese Dienstfunktion nicht erfüllen. Von einer Hierarchie der Werte her nehmen die geistlichen Dinge wie Verkündigung der Frohbotschaft und Spendung der Sakramente die erste Stelle ein. Aber in Notsituationen erhalten Werke der Caritas den Vorrang, und selbst diplomatische Methoden werden nicht grundsätzlich ausgeschlossen. Gegen den Vorwurf des P. Juan Alvarez aus Salamanca, Ignatius gebe den weltlichen Dingen zu großen Raum, schreibt Polanco im Auftrag und aus der Inspiration des Vaters in einem Brief vom 18. Juli 1549:
«[Ihrer Meinung nach] ist der Gebrauch menschlicher Mittel oder der eigenen Klugheit und die Bemühung um irdische Hilfe und deren Verwertung für gute und unserem Herrn genehme Zwecke soviel als ‹die Knie beugen vor Babel›. Doch das Gegenteil ist wahr: Wer es nicht für gut hält, sich solcher zu bedienen und neben den anderen auch dieses von Gott gegebene Talent zu verwerten, etwa weil es ein ‹übler Sauerteig› und eine ‹schlimme Mischung irdischer Mittel mit den sublimen Mitteln der Gnade› sei, der hat offenbar nicht gut gelernt, alles auf die Verherrlichung Gottes hinzulenken und alles zu benützen auf das letzte Ziel der Ehre und Verherrlichung Gottes hin.» Im Fortgang des Briefes verweist Polanco auf das entscheidende Motiv in der Wahl der Mittel: die Liebe Gottes, der ja nicht nur der Urheber der Gnade, sondern auch der Natur ist.[148]
In einer solchen Theologie der weltlichen Dinge hat selbst die Sorge um die Gunst der Fürsten ihren Platz. Ignatius sieht ihr Amt von Gott her, der sich auch der Fürsten zum allgemei-

nen Wohl bedienen kann. «Wer es verwirft, irdische Protektion für gute Zwecke auszunützen, hat es offensichtlich nicht gelernt, alles auf das Ziel der Verherrlichung Gottes hinzulenken», heißt es weiter im Brief an P. J. Alvarez.

Aus dieser Haltung hat der Mystiker Ignatius auch sein diplomatisches Talent in manchen heiklen Konflikten verwertet. Sein größter Erfolg war wohl die Friedensstiftung zwischen Portugal und dem Papst. Durch Jahrzehnte hatte der Streit die beiden Partner entzweit, und die Gesellschaft Jesu drohte darin wie von Mühlsteinen zermalmt zu werden. Denn der König von Portugal war ein großer Gönner des Ordens, und von ihm hing das Schicksal der Missionen in seinen überseeischen Herrschaftsgebieten ab. Andererseits wußte sich Ignatius ganz dem Dienst des Papstes verpflichtet. In klugem und geduldigem Bemühen gelang ihm die Aussöhnung der beiden Parteien, seine «schwierigste und wichtigste Friedensstiftung», die er je vollbracht hat.

Im Zehnten Teil der Satzungen hat Ignatius in ein paar Leitsätzen die Hierarchie der Werte für den apostolisch motivierten Weltdienst zusammengefaßt:

«1. Weil die Gesellschaft [Jesu], die nicht mit menschlichen Mitteln errichtet worden ist, mit ihnen weder bewahrt noch gemehrt werden kann, sondern nur durch die allmächtige Hand Christi unseres Gottes und Herrn, so ist es notwendig, auf ihn allein die Hoffnung zu setzen, daß er bewahren und voranführen müsse, was er zu seinem Dienst und Lobpreis und zur Hilfe für die Seelen anzufangen sich gewürdigt hat.

2. Für die Bewahrung und Mehrung nicht nur des Leibes, das heißt des Äußeren der Gesellschaft, sondern auch ihres Geistes, und für die Erreichung ihres Zieles, nämlich den Seelen zu helfen, damit sie ihr letztes und übernatürliches Ziel errei-

chen, sind die Mittel, die das Werkzeug mit Gott verbinden und es dafür bereiten, sich gut von seiner göttlichen Hand leiten zu lassen, wirksamer als die Mittel, die es gegenüber den Menschen bereiten.

3. Auf diesem Fundament werden die natürlichen Mittel, die das Werkzeug Gottes unseres Herrn gegenüber den Nächsten bereiten, allgemein zur Bewahrung und Mehrung dieses ganzen Leibes helfen, wofern man sie allein um des göttlichen Dienstes willen erlernt und ausübt, nicht um auf sie zu vertrauen, sondern um mit der göttlichen Gnade nach der Ordnung der höchsten Vorsehung Gottes unseres Herrn mitzuwirken, der durch das verherrlicht sein will, was er als Schöpfer gibt, nämlich das Natürliche, und durch das, was er als Urheber der Gnade gibt, nämlich das Übernatürliche.»[149]

Aus der theologischen Tiefe seiner Mystik ist Ignatius «der um des Jenseitigen willen Weltliche» geworden.[150] Karl Rahner sagt zu dieser «ignatianischen Mystik der Weltfreudigkeit»: «Ignatius kommt von Gott zur Welt. Nicht umgekehrt. Weil er sich dem Gott jenseits aller Welt und seinem Willen in der Demut anbetender Hingabe ausgeliefert hat, darum und aus diesem Grund allein ist er bereit, seinem Wort zu gehorchen, auch dann, wenn er aus der stillen Wüste seiner wagenden Flucht in Gott hinein von diesem Gott gleichsam zurückgeschickt wird in die Welt, die zu lassen er in der Torheit des Kreuzes den Mut gefunden hatte.»[151]

Mystik des
«Gott finden in allen Dingen»

Ausführlich hat Ignatius im Bericht des Pilgers seine innere Geschichte von der Bekehrung bis zur endgültigen Ankunft in Rom erzählt. Zum Schluß beteuert er in einer «feierlichen Erklärung» die reine Absicht, die ihn dabei geleitet habe. Wie einen kleinen Anhang fügt er noch ein paar Sätze über sein gegenwärtiges Leben an:

«Er hätte zwar viele Beleidigungen gegen Unseren Herrn begangen, nachdem er angefangen habe, Ihm zu dienen; jedoch habe er nie seine Einwilligung zu einer schweren Sünde gegeben. Vielmehr habe seine Andacht immer mehr zugenommen, das heißt: die Leichtigkeit, mit Gott in Verbindung zu treten, und diese sei jetzt größer als je sonst in seinem ganzen Leben. Immer und zu jeder Stunde, wann er Gott finden wolle, könne er ihn finden.»[152]

Ignatius sagt in diesem Bekenntnis ein Doppeltes aus. Erstens setzt er Frömmigkeit gleich mit der «Leichtigkeit, Gott zu finden». Zweitens stellt er ein ständiges Wachsen dieser «Leichtigkeit, mit Gott in Verbindung zu treten» fest. Ein Drittes fügen die Zeugen seines Lebens hinzu: Dieses «Gott finden» hat mystischen Charakter. Ignatius lebt jetzt in einer habituellen Vereinigung mit Gott.

Was bisher in den vier Stufen der ignatianischen Mystik auseinandergefaltet wurde – Dreifaltigkeit, Jesus Christus, Kirche, Welt – wird durch die Mystik des «Gott finden in allen Dingen» wieder zur tieferen Einheit zusammengefaßt. Es fügt den vier thematischen Kreisen seiner Mystik nicht einen fünften hinzu, sondern es bildet den alles umgreifenden formalen Kreis. In ihm spricht sich die spezifische Eigenart seiner Mystik aus und von ihr werden alle früher genannten mystischen Erfahrungen durchformt. Das «Gott finden in allen Dingen» ist die Kurzformel für die Mystik des Dienstes bei Ignatius. Alle Dinge werden zum Ort seiner Gottbegegnung und seines Gottesdienstes.

Zeugnisse der Freunde

Was Ignatius klassisch knapp mit der Gleichsetzung von Frömmigkeit und der «Leichtigkeit, Gott zu finden» ausgesprochen hat, belegen seine Jünger wieder mit ausführlichen Zeugnissen. Sie geben darin zum Teil eigene Erfahrungen wieder, die sie im Umgang mit dem geliebten «Vater ihrer Seelen» gemacht haben. Noch mehr aber stützen sie sich dabei auf Aussagen des Ignatius selber. Er, der im Fortschreiten der Jahre immer schweigsamer geworden ist, hat ihnen davon gesprochen aus der Dankbarkeit vor Gott, die ihn auch zum Führen des Tagebuchs bewegte. Noch mehr aber drängte ihn dazu die Überzeugung, daß die eigenen Gnaden eine Verheißung für den Orden seien. Fast mit den gleichen Worten belegen Nadal und Laínez diese Auffassung: «Unser Vater hat mir ganz von sich aus erklärt, daß, wenn Gott einen Menschen erwählt, um Gründer einer Ordensgemeinschaft zu werden, er ihn Wege führt, von denen er will, daß dieser Gründer auch einmal seine Anhänger führen kann.»[153] Aus der gleichen Überzeugung haben auch seine vertrauten Mitarbeiter diese Mitteilungen an die Mitbrüder weitergegeben. (Wegen der Kraft ihrer Aussage werden hier einige dieser Zeugnisse, die schon im vorausgehenden Kapitel [Der mystische Weg – Letzte Reife] zitiert wurden, noch einmal in Erinnerung gerufen.)

Nachdem Nadal in einer Konferenz von der Dreifaltigkeitsmystik des Ignatius gesprochen hat, fährt er unmittelbar weiter: «Diese [trinitarische] Gebetsgnade hat unser Vater in einzigartigem Ausmaß erhalten. Und damit die Gnade, daß er in allen Dingen, Handlungen und Gesprächen Gottes Gegenwart wahrnahm mit einem feinen Gespür für das Geistliche, ja diese Gegenwart schaute und so ‹in actione contemplativus› [in allem Tun gottvereint] war; er pflegte dies in das Wort zu kleiden: Wir sollen in allen Dingen Gott finden.»[154]
Dieses Wahrnehmen der Gegenwart Gottes in allen Dingen, das Nadal für den Ignatius der letzten römischen Jahre bezeugt, wird von ihm als mystische Gnade verstanden. Das ergibt sich einmal aus der unmittelbaren Verbindung mit der Aussage: «Wir wissen, daß unser Vater Ignatius die einzigartige Gnade von Gott empfangen hat, die Beschauung der Heiligsten Dreifaltigkeit frei ausüben und in ihr ruhen zu können.» Auf die gleiche Stufe mystischer Erfahrung stellt er das «Finden Gottes in allen Dingen» bei Ignatius. Darum kann er auch von einem Schauen der Gegenwart Gottes sprechen. Ignatius lebt in dieser Zeit in einer habituellen Gottesvereinigung. Darauf weist auch dieses Zeugnis Nadals hin: «Ich habe von ihm [Ignatius] vernommen, daß er in der Beschauung ist, sooft er sich dem Gebet hingibt.» So erhält auch das eigene Wort des Ignatius erst einen wahren Sinn, wenn es mystisch verstanden wird: «Immer und zu jeder Stunde, wann er Gott finden wolle, finde er ihn.»
Wohl erfährt er auch in dieser Zeit, wie der Bericht des Pilgers belegt, einzelne Visionen, aber sie spielen sich gleichsam am Rande ab. Denn in der Mitte seines Herzens lebt er in der dauernden Gottesvereinigung. Darum kann Nadal mit Berufung auf seine Quelle sagen: «Magister Laínez sagte mir von ihm [Ignatius]: Er ist auf ganz einzigartige Weise mit

Gott vertraut. Über alle Visionen ist er schon hinausgeschritten, wie etwa des gegenwärtigen Christus oder der heiligen Jungfrau, als auch über Visionen, die sich an die innere Einbildungskraft wenden; er lebt nun in einem rein geistigen Zustand, in der Gottvereinigung.»[155]

Einst hat Ignatius in den Exerzitien geschrieben: «Es steht nicht in unserer Macht, große Andacht, überwallende Liebe, Tränen oder irgendeine andere göttliche Tröstung zu erlangen oder zu bewahren, sondern alles ist nur ein Geschenk und eine Gnade Gottes unseres Herrn.»[156] Nun aber darf er für sich die Erfahrung machen: Gottes gnadenvolle Gegenwart steht ihm ständig offen. Er kann auf mystische Weise «Gott finden, wann er will», wie er selber im Pilgerbericht gesteht.

Dieses mystische «Gott finden» ist so stark, daß es aus der Tiefe des Herzens nach außen durchbricht. So schreibt P. da Câmara in sein Memoriale, daß die Gottvereinigung «aus seinem Antlitz leuchte und man sie ununterbrochen an ihm wahrnehmen könne». Und am 22. Februar 1555 notiert er von einem Gang in die Stadt, auf dem er Ignatius begleitete: «Der Vater war auf dem ganzen Weg im Gebet, wie die Verwandlung seiner Züge deutlich zeigte. Und diese Leichtigkeit, sich im Gebet mit Gott zu vereinigen, ist bemerkenswert.»[157]

Nun lebt Ignatius auf vollendete Weise, was er einmal in hoher Erwartung für seine Söhne gewünscht hat: «... daß alle Mitglieder der Gesellschaft Jesu so beschaffen wären, daß sie sich gleich den Engeln ganz, mit höchster Liebe und Hingabe, dem Heil und geistlichen Fortschritt der Nächsten widmen und dabei doch unbewegt und fest, in einer Ruhe, die sich durch nichts stören läßt, verharren; sie sollen sein wie die Engel, die keine Leidenschaft oder Unruhe berührt; obwohl diese nichts unterlassen, was sie zu unserer Hilfe oder zum geistlichen Fortschritt tun können und müssen, wahren sie dabei doch immer höchste Heiterkeit des Geistes, weil sie das Angesicht des himmlischen Vaters schauen und es immer, ohne Unordnung und Unruhe, genießen.»[158]

Das ist die Krone seiner Mystik: «Immer und zu jeder Stunde, da er Gott finden wolle, könne er ihn finden.» Der so mit Gott Vereinte konnte sich ganz der Arbeit hingeben, in aller Arbeit aber blieb er bei Gott, denn auch in allem Tun «fand» er ihn. Die Gottvereinigung und der Dienst des Alltags sind bei ihm eins geworden. Hier enthüllt sich der tiefste Sinn des Nadalwortes «in actione contemplativus»: Die Gottvereinigung strömt ins Handeln über, das Handeln wird von der Gottvereinigung getragen und durchstrahlt.

Dominik Thalhammer hat zu dieser Ausrichtung der ignatianischen Mystik auf den Dienst einmal geschrieben: «Die mystische Gebetsgnade des hl. Ignatius zielt weder auf eine in sich ruhende Beschauung der ewigen Wahrheit noch auf die Trunkenheit der göttlichen Liebe, sondern auf das servitium Dei, den Dienst Gottes aus Liebe und Ehrfurcht gegen die göttliche Majestät. Ignatianische Mystik ist wesentlich Dienstmystik. Das servire Deo ist bei ihm nicht wie in der intellektuellen Mystik ein bloßes Überfließen des Geschauten..., sondern das eigentliche Ziel, auf das die mystische Gebetsgnade ausgerichtet ist.»[159]

Im mystischen «Gott finden in allen Dingen» werden für Ignatius Mystik und Dienst eins. Die Actio ist zur Contemplatio geworden.

Die Quelle am Cardoner

In der Dürre seiner Studienjahre hat Ignatius gelegentlich mit einem leisen Heimweh von Manresa als seiner «Urkirche» gesprochen. Später, in der Reife der römischen Zeit, lächelte er über dieses Wort und nannte jene Monate sein «Noviziat». Von solcher Einschränkung hat er aber immer die Gnade vom Cardoner ausgenommen. Eben jetzt, auf der letzten Höhe der mystischen Gottvereinigung, sagt er dem P. da Câmara beim Bericht des Pilgers: «Wenn er im ganzen Verlauf seines Lebens nach mehr als zweiundsechzig Jahren alles zusammennimmt, was er von Gott an Hilfen erhalten und was er jemals gewußt hat, und wenn er all dies in eines faßt, so hält er dies doch nicht für so viel, wie er bei jenem einmaligen Erlebnis empfangen hat.»[160] Ignatius fällt dieses Urteil im Abstand von dreißig Jahren, die seit jenem Erlebnis vergangen sind, und nachdem er große mystische Erfahrungen machen durfte. Das Erlebnis am Cardoner war für ihn die Gnade aller Gnaden.

Auch dem Freundeskreis hat er davon erzählt. So kann Laínez in seinem biographischen Brief von 1547 schreiben: «Nach Verlauf von vier Monaten, wenn ich mich recht erinnere, erfuhr er ganz plötzlich, während er am Rande eines Wassers oder Flusses oder Wäldchens saß, in besonderer Weise Hilfe und Belehrung und innerliche Erleuchtung von Seiner Göttlichen Majestät, so daß er begann, alle Dinge mit anderen Augen zu sehen.»[161]

Im Anschluß an den Brief des Laínez erzählt Polanco in seiner Skizze des Ignatiuslebens: «Als er einmal aus Manresa hinausging, gegen eine Kapelle zu, etwa tausend Schritt vom Städtchen entfernt, und an einem Flußlauf niedersaß, wurde er plötzlich und unerwartet von einem Licht durchstrahlt. Auf wunderbare Weise gingen ihm die göttlichen Mysterien auf.»[162]

Interessant ist auch die Tatsache, daß sich Ignatius, der doch fast zwanzig Jahre tastend nach seinem Lebensziel suchen mußte, hinterher bei der Gestaltung des Ordens immer wieder auf das Erlebnis am Cardoner berief. Nadal bezeugt dies sehr eindrücklich: «Für die ganze Weise seiner Ordensgründung berief sich Ignatius rechtfertigend auf jene erhabene Erleuchtung seines Geistes, die ihm aus Gottes einzigartiger Güte und als großes Geschenk der göttlichen Gnade beim Beginn seiner Bekehrung in Manresa zuteil wurde.»[163] Und wieder: «Wenn Ignatius nach der Begründung für seine Ordenssatzungen gefragt wurde, so pflegte er als letzten Grund jene erhabene Geisteserleuchtung anzugeben, die ihm Gott gnadenvoll in Manresa geschenkt hatte.»[164]

Seiner Gewohnheit entsprechend beschreibt Ignatius im Bericht des Pilgers nicht den mystischen Vorgang selber, sondern dessen bleibende Frucht in seinem Herzen. Wenn aber die Aussagen der Gefährten mit dem Selbstzeugnis des Ignatius zusammengehalten werden, lassen sich folgende wesentliche Elemente festhalten:

Erstens empfängt er eine neue Erkenntniskraft: «Die Augen seines Verstandes begannen sich ihm zu eröffnen.» – Der Vorgang «war von einer so großen Erleuchtung begleitet, daß ihm alles in neuem Licht erschien». – «Er empfing eine große Klarheit in seinem Verstand.» – «Dieses Ereignis war so nachdrücklich, daß sein Geist wie ganz erleuchtet blieb.» – «Es war ihm, als habe er einen neuen Verstand erhalten.» Mit diesen fünf kurzen Sätzen aus dem gleichen Abschnitt im Bericht des Pilgers zeigt Ignatius selber den ersten Schwerpunkt der Gnade vom Cardoner an. Während bei den übrigen Visionen jeweils dem Licht wieder das Dunkel folgt, bleiben ihm die «Klarheit» und der «neue Verstand» für sein ganzes Leben. Fortan sieht und beurteilt er alle Dinge in diesem Licht. Darum kann Nadal sagen: «Von diesem Tag an strahlte sein Antlitz vor Freude und geistlichem Licht.»[165]

Auch Laínez und Polanco sprechen von den «neuen Augen», die Ignatius erhalten habe. Dieses Licht strahlt Ignatius auf sein Werk aus, wie wieder Nadal festhält: «Der Geist der Gesellschaft [Jesu] ist eine bestimmte Klarheit, welche [die Seele] erfüllt und leitet: Man hatte den Eindruck, daß der Vater Ignatius so geleitet wurde.»[166]
Mit dieser neuen Erkenntniskraft wird Ignatius am Cardoner auch ein neuer Erkenntnisinhalt geschenkt. Er selber unterscheidet das Geschaute von den anderen mystischen Erfahrungen, die ihm von Manresa an zuteil wurden: «Nicht als ob er irgendeine Erscheinung gesehen hätte.» Es war also keine der ihm vertrauten Visionen einzelner Personen (Christus, Maria) oder Glaubensgeheimnisse (Eucharistie). Hier am Cardoner empfing er nach seinen eigenen Worten «das Verständnis und die Erkenntnis vieler Dinge über das geistliche Leben wie auch über die Wahrheiten des Glaubens und über das menschliche Wissen». Nadal kennt dazu ein weiteres Wort des Ignatius: «Ich schaute, so sagte er, verspürte und verstand alle Geheimnisse des christlichen Glaubens.»[167] Ähnlich drückt sich Polanco aus: «Auf wunderbare Weise gingen ihm da die göttlichen Mysterien auf.» Dann setzt er einen neuen Akzent: «Dieses Licht fiel in besonderer Weise auf die Kraft zur Unterscheidung zwischen guten und bösen Geistern.»[168] Das hat er wieder dem biographischen Brief des Laínez von 1547 entnommen. Mit den Mysterien des Glaubens erfaßt Ignatius im Licht vom Cardoner auch das innerste Wesen der Welt «als hätte er dort die Gründe und Ursachen aller Dinge gesehen» und «als hätten sich ihm die Grundlagen aller Dinge erschlossen». (Nadal)[169]
Nach der übereinstimmenden Interpretation der modernen Ignatiusforschung wird ihm am Cardoner die Zusammenschau, der Blick für den inneren Zusammenhang aller

Mysterien des Glaubens und aller Wirklichkeit der Welt und ihrer Geschichte geschenkt: Das sind die «todas las cosas» (alle Dinge), wie eines seiner Grundworte fortan lautet. Schon Nadal deutet das mystische Ereignis in diesem Sinn: «... als ob er damals vom Herrn alles auf einmal in einer sozusagen architektonischen Gabe der Weisheit empfangen hätte.»[170] Und Pedro Leturia hat für diese Gabe das Wort vom «synthetischen Blick» geprägt, womit er eben diese Fähigkeit zur Zusammenschau meint.

Noch ein Drittes gehört zum Bericht über das Geschehen am Cardoner: Ignatius setzt die ihm geschenkten Gaben sofort ins Werk des apostolischen Dienstes um. Laínez bestätigt dies, gestützt auf die Aussage seines Meisters: «Er begann... die Dinge des Herrn zu verkosten und sie dem Nächsten mitzuteilen in jener Einfalt und Liebe, in der er sie selber vom Herrn empfangen hatte.»[171] Polanco und Nadal präzisieren dieses Zeugnis noch im Blick auf die Geistlichen Übungen: «Und da teilte ihm Gott der Herr auch die Exerzitien mit, indem er ihn dazu führte, sich ganz und gar dem Dienst Gottes und dem Heil der Seelen hinzugeben. Dieses Ziel zeigte er ihm ergreifend vor allem in den beiden Betrachtungen Vom König und von Zwei Bannern. Und darin erkannte Ignatius sein Lebensziel, dem er sich von nun an ganz hingeben müsse, das er in allen Werken vor Augen zu stellen habe – es ist das Lebensziel, das jetzt die Compañía sich zu eigen gemacht hat.»[172]

Wenn Ignatius am Ende seines Lebens Frömmigkeit gleichsetzt mit der «Leichtigkeit, Gott zu finden», dann ist dies nur die reife Frucht der mystischen Erfahrung am Cardoner: Dort ist ihm mit dem Licht der neuen Erkenntniskraft der Blick in die Hierarchie aller Mysterien des Glaubens und die Synthese aller Weltwirklichkeit geschenkt worden. Damit

hat sich auch seine Berufung zum Dienst an den Menschen geklärt. Sein Leben gehört fortan dem apostolischen Anliegen, das ihn alles Empfangene weiterzugeben heißt.
Die Analyse des mystischen Geschehens vom Cardoner läßt so anhand der Berichte gleichsam mit Händen greifen, wie hier das «Gott suchen und finden in allen Dingen» grundgelegt worden ist. Ignatius ist seitdem befähigt, die Mysterien des Glaubens und alle Wirklichkeit der Welt in ihrer Einheit und Ordnung zu sehen. Daraus wächst ihm die Kraft der Unterscheidung zu. Alles aber setzt er um in den Dienst an den Menschen als der eigentümlichen Weise seines Dienstes vor Gott.
Die anschließende Danksagung «vor einem Kreuz, das dort in der Nähe stand», ist ein Zeichen dafür, daß in der Mitte der Schau am Cardoner der menschgewordene Sohn Jesus Christus steht und die personale Einheit aller Mysterien des Glaubens bildet. Im Kreuz des Herrn erfährt Ignatius die Synthese aller Wahrheiten von Schöpfung und Heilswerk. Dieses Kreuz wird ihm zur Koordinatenachse, an der «alle Dinge» geortet und gewertet werden.
Als gerufener Mitarbeiter Jesu Christi am Heil der Menschen geht Ignatius jetzt daran, die eigene gnadenvolle Erfahrung, seine «Leichtigkeit, Gott zu finden», in eine geistliche Lehre für andere Menschen umzusetzen.

Drittes Kapitel

DIE LEHRE VOM «GOTT SUCHEN IN ALLEN DINGEN»

Durch Manresa ist Ignatius zum apostolischen Mann geworden. Fortan wird er sein Leben in wachsendem Maß für den Dienst Christi am Werk des Heiles von Menschen und Welt einsetzen. Was er an Talenten und Gnaden bis zur letzten mystischen Höhe erhalten hat, will er weitergeben und für andere fruchtbar machen. Dies gilt in besonderer Weise auch für seine Mystik des Dienstes, die ihn selber die innerste Einheit von Gottvereinigung und Dienst für Kirche und Welt hat finden lassen. Wie diese Mystik des Dienstes zur Grundform seines Lebens geworden ist, so wird das «Gott finden in allen Dingen» zur Grundformel seiner geistlichen Lehre. Dabei zielt diese Lehre ganz auf Tun und Leben hin: Sie will dem Jünger helfen, daß auch er wahrhaft Gott finde in allen Dingen.

Die junge Gesellschaft Jesu aber ist überzeugt: Das Leben des Ignatius hat in Gottes Plan Modellcharakter für den ganzen Orden und deshalb sind die für seinen Weg spezifischen Gnaden auch den Söhnen zugesprochen. Daß das Leben des Stifters Urbild für den Orden sei, spricht Nadal in seinen «Dialogen» aus: «Gott hat in Ignatius die Grundlinien des Ordens vorgezeichnet und so ein Vorbild gegeben, nach dem die Gesellschaft gestaltet werden sollte.» Ähnliche Aussagen finden sich öfters bei Laínez und Polanco. Nadal sieht darin aber nicht einen Sonderfall, sondern die Auswirkung eines allgemeinen göttlichen Gnadengesetzes: «Gott gab jeweils

den einzelnen Ordensstiftern eine ihnen besondere Gnade, so Benedikt, Basilius, Franziskus und Dominikus. So aber auch unserer Gesellschaft, denn indem wir von unserem hochwürdigen Vater Ignatius sprechen, berühren wir die umfassende Frage des Beginns und der Entwicklung des Ordens.»[173]
Da die Mystik des Dienstes die geistliche Lebensmitte des Ignatius bildet, kommt ihr vor allem diese Note eines vorbildhaften Modells zu. Was Ignatius damit von Gott geschenkt worden ist, will er an seine Jünger weitergeben und diese auf den gleichen Weg des «Gott suchen in allen Dingen» führen.
Im personalen Modell ist aber nach der Überzeugung der ersten Jesuiten auch die göttliche Zusage jener Gnaden enthalten, die das Urbild in seinen typischen Zügen geprägt haben. Zu diesen Gnaden zählt nach manchen Zeugnissen die Gnade von La Storta: Auch der Jünger des Ignatius ist vom himmlischen Vater dem kreuztragenden Christus zugesellt. Ebenso gehört von seiner zentralen, das ganze Leben formenden Kraft her das «Gott suchen in allen Dingen» zu diesen allen Mitgliedern des Ordens zugedachten Gnaden. Dafür zeugt wieder Nadal. Nachdem er gezeigt hat, wie Ignatius «in allen Dingen, Handlungen und Gesprächen Gottes Gegenwart wahrnahm mit einem feinen Sinn für das Geistliche», fährt er fort: «Wir sahen mit tiefer Bewunderung und süßem Herzenstrost, wie diese Gnade, dieses Licht in seiner Seele, wie ein Schimmer über sein Antlitz ausgegossen war, sich in der Klugheit und Sicherheit aller seiner Handlungen kundgab, ja wir fühlten, wie diese seine Gnade sich uns in geheimnisvoller Weise mitteilte.»[174] Noch deutlicher spricht er es ein andermal aus: «Was wir hier als Privileg für unseren Vater Ignatius erkennen, das glauben wir in gleicher Weise auch der Gesellschaft geschenkt, und wir vertrauen, daß jene Gna-

de des Gebetes und der Kontemplation uns allen in der Gesellschaft bereitstehe, ja daß sie zum Wesen unseres Berufes gehöre.»[175] So steht hinter allen Worten des Ignatius vom «Gott suchen in allen Dingen» seine eigene Mystik des Dienstes als Modell und Hoffnungsmotiv.

Die Hauptquellen der ignatianischen Lehre vom «Gott suchen in allen Dingen» sind wieder die Geistlichen Übungen, die Satzungen der Gesellschaft Jesu und eine Reihe von Briefen. Dazu kommt eine bestätigende und vertiefende Interpretation aus dem Kreis der Jünger: in der Theorie vor allem bei Nadal, in einer ganz persönlich geprägten Praxis bei Peter Faber.

Die Geistlichen Übungen

Die Exerzitien sind kein Lehrbuch des geistlichen Lebens, sondern ein Buch der Praxis. Sie sind herausgewachsen aus der Erfahrung des Ignatius und sie wollen den Übenden bereiten und begleiten im Prozeß der «Wahl» als einer lebengestaltenden Entscheidung. Am Schluß der Vier Wochen steht die «Beschauung zur Erlangung der Liebe». Wie das «Fundament und Prinzip» zu Beginn bietet diese Übung am Ende eine Kurzfassung der ganzen Exerzitien – jetzt ausdrücklich im Zeichen der Liebe. Nicht als ob hier thematisch zum erstenmal von der Liebe die Rede wäre. Hochherzige Liebe, die nicht rechnet und marktet, ist schon Vorbedingung, damit jemandem die vollen Exerzitien gegeben werden. Das «Fundament» klingt nach seinen so rational klingenden Axiomen aus in das durchgängige Wahlmotiv des «magis»: das ergreifen, «was mehr fördert zum Ziel». Dieser nach oben unbegrenzt offene Komparativ, der das ganze Denken,

Wollen und Tun des Ignatius durchwaltet, ist nicht der Ehrgeiz des einstigen Ritters, sondern dankbare Liebe. Diese Liebe wird verstärkt durch die beglückende Erfahrung der Ersten Woche, daß der verlorene Sünder um Christi Kreuz willen Heil gefunden hat: «Christus hat mich geliebt und sich für mich dahingegeben.» Durch die Zweite, Dritte und Vierte Woche wiederholt sich stets das eine Verlangen: Jesus Christus immer tiefer zu erkennen, um ihn umso inniger zu lieben und ihm deshalb umso treuer nachzufolgen.

Alle diese Motive der Liebe aus den Vier Wochen klingen zusammen in der Schlußübung. Diese enthält zudem ein neues Moment, das in der zweiten Vorübung ausgesprochen ist: «... daß ich in ganz dankbarem Anerkennen so großer empfangener Wohltaten *in allem* seine göttliche Majestät lieben und ihr dienen könne.»[176]

Der Standort der Übung erklärt auch ihr Ziel. Wie das «Fundament» vor den Vier Wochen steht und sie in der Folge durchwaltet, so will die letzte Übung die ganzen Exerzitien wie in einem Brennpunkt zusammenfassen und abschließen. Sie ist Spiegelbild des «Fundaments», wie es durch die Vier Wochen vertieft und konkretisiert worden ist. Das Grundanliegen der ganzen Exerzitien spricht sich darum noch einmal aus im Gebet, mit dem die einzelnen Punkte dieser Übung schließen: «Verfüge über mich nach deinem Willen.» Damit wird die Wahl der Exerzitien besiegelt.

Die Übung ist aber auch nach vorwärts orientiert, geöffnet auf den nun wieder anhebenden Alltag. Die durch die Vier Wochen in schenkender Gnade und eigenem Bemühen gewonnene Disposition, ganz verfügbar zu sein für den Willen Gottes, will sich ausweiten und soll fortleben «in allen Dingen», die nun wieder auf den Menschen zukommen. Hier, am Schluß der Exerzitien, spricht Ignatius zum erstenmal das lebenumspannende Dienstideal des «Gott suchen in allen Dingen» aus und gibt ihm in dieser Übung den besten Kommentar.

Der Wert der «Beschauung zur Erlangung der Liebe» für die Exerzitien und das davon geformte geistliche Leben wird oft unterschätzt. Sie ist von gleicher fundamentaler Bedeutung wie die Betrachtung «Vom Ruf des Königs». Auch sie hat Fundamentcharakter, nicht für die Übungen, die ja zu Ende sind, sondern für das Alltagsleben, das nun wieder anhebt. «Auffallenderweise wird eine ausgeführte Betrachtung des Exerzitienbuches zwar fast immer als ein wichtiger, selten aber als der grundlegende, umfassende, den Kern der ignatianischen Spiritualität ausdrückende Text angesehen: die Contemplatio ad amorem obtinendum, die Betrachtung um Liebe zu erlangen. Diese Betrachtung läßt jedoch trotz ihrer äußersten Kürze und Dichte das Profil der ignatianischen Spiritualität besonders deutlich erkennbar werden.»[177]

In zwei Vorbemerkungen verweist Ignatius auf typische Merkmale der Liebe, wie er sie versteht. «Liebe äußert sich mehr im Tun als in Worten.» Das ist wieder ganz der Mann der Tat, der bloßen Worten und Gefühlen mißtraut, in jedem Fall aber dem von der Liebe erfüllten Tun den Vorrang gibt. Dabei wird dieses Tun durch das vorbereitende Bittgebet näherhin als Dienen umschrieben. Die andere Vorbemerkung gibt eine Art praktischer Definition der Liebe: Sie ist Mit-Teilen, Austausch, «indem der Liebende dem Geliebten gibt und mitteilt» und «als Erwiderung ebenso der Geliebte dem Liebenden».

Das Thema der Betrachtung ist, in Anwendung dieser Definition, die absteigende und sich mitteilende Liebe Gottes; ihr antwortet der Mensch, der solche Liebe an sich erfährt, mit seiner liebenden Hingabe. In der Sprache des Tagebuchs

könnte man sagen: Das Thema der Übung ist der «amor reverencial» – in Ehrfurcht dienende Liebe.
Der erste Punkt der Betrachtung läßt die Liebe Gottes in ihren Gaben – «in allen Dingen» – betrachten: «Ins Gedächtnis rufen die empfangenen Wohltaten der Schöpfung, der Erlösung und der besonderen Gaben, indem ich mit großer Hingebung erwäge, wieviel Gott unser Herr für mich getan und wieviel er mir von dem gegeben, was er besitzt, und folgerichtig, wie sehr derselbe Herr danach verlangt, sich selbst mir zu schenken.» Der solche Liebesgaben Gottes empfangende Mensch soll dann «mit vielen Gründen der Vernunft und der Gerechtigkeit erwägen», was er von seiner Seite «seiner göttlichen Majestät anbieten und geben muß, nämlich alles, was ich habe, und mich selber damit». Die Form der Betrachtung wahrt so die Parallelität von Empfangen und Hingeben, aber im Verhältnis von Schöpfer zu Geschöpf, von Erlöser zum Erlösten. Daraus reift das Gebet der Hingabe: «Nimm hin, Herr, und empfange meine ganze Freiheit, mein Gedächtnis, meinen Verstand und meinen ganzen Willen, meine ganze Habe und meinen ganzen Besitz. Du hast es mir gegeben, dir, Herr, gebe ich es zurück; alles ist dein, verfüge nach deinem ganzen Willen; gib mir deine Gnade und Liebe, das ist mir genug.»
Als erste, alle anderen umgreifende Gabe schenkt hier der Mensch seine Freiheit hin. Das Wort steht betont am Anfang, denn die Freiheit bildet Mitte und Kern im ignatianischen Menschenbild und ihr tiefster Sinn ist die Befähigung zur Hingabe an das Gottesgeheimnis. Die Kräfte von Gedächtnis, Verstand und Willen sind nur die Ausdrucksformen dieser Freiheit. Die Hingabe der Freiheit und aller anderen Kräfte wird aber gedemütigt in die Weise der «Restitution» der empfangenen Wohltaten, weil der Mensch nichts

absolut Eigenes hat – außer seiner Schuld. Wie alles Gute aus der schenkenden Verfügung Gottes stammt, wird alles wieder in die volle Verfügung seines Willens übergeben. Da dem Menschen nach dieser «Rückgabe» nichts mehr gehört, kann er nur wieder neu um Liebe und Gnade bitten.

Der zweite Punkt führt diese Linie der göttlichen «Mit-Teilung» weiter: In allen Gaben ist der Geber selber gegenwärtig und will damit die Gegenwart des Beschenkten erfüllen: «Betrachten, wie Gott in den Geschöpfen wohnt, in den Elementen, indem er ihnen Dasein gibt, in den Pflanzen, indem er ihnen das Leben schenkt, in den Tieren, indem er ihnen sinnliche Wahrnehmung gibt, in den Menschen, indem er ihnen geistige Einsicht verleiht, wie er gleichfalls einen Tempel aus mir macht, da ich zum Gleichnis und Bild seiner göttlichen Majestät geschaffen bin.» Darum kann die Antwort nur im dankbaren Gegenwärtigsein zum Geber hin bestehen, indem das Gedächtnis sich dieser Gegenwart erinnert, die Erkenntnis sie verspürt und die Liebe sie erwidert – wieder in der Diensthaltung des «amor reverencial», der dienenden Liebe.

Der dritte Punkt setzt die Linie des Mit-Teilens fort und verstärkt das «Spüren» der darin geschenkten Liebe. Er zeigt das Wirken des in allen Gaben gegenwärtigen Gottes, vom Werk der immerwährenden Schöpfung bis zum Werk der Erlösung. «Erwägen, wie Gott um meinetwillen in allen geschaffenen Dingen auf dem Angesicht der Erde arbeitet und sich abmüht.» Folgerichtig wird die Antwort des Menschen zum Tun des Gotteswillens in allen Aufgaben des Lebens: «Alle Werke weihe ich dem König.»

Der vierte Punkt umgreift das Ganze im Bild des Abstiegs. «Schauen, wie alles Gute und alle Gabe von oben herabsteigt, so wie auch die mir zugemessene Kraft von der höchsten und unendlichen von oben herab; und so auch Gerechtigkeit, Güte, Pietät, Barmherzigkeit usw., gleichwie von der Sonne absteigen die Strahlen, von der Quelle die Wasser usw.» «Vom Vater der Lichter steigen die Gaben ab» und umgreifen den Menschen. Dieser tritt durch seine Hingabe in die Linie des Aufstiegs ein und wird selber zum Werkzeug des Abstiegs der Liebe Gottes.

Soviel zum Wortlaut der Beschauung, der in seiner abstrakten Sprache dem «Fundament» verwandt ist.

Nun weist aber die neuere Exegese des Exerzitienbuches überzeugend nach, daß parallel zum «Fundament», ja im Licht der Vier Wochen noch mit mehr Grund, auch die «Beschauung zur Erlangung der Liebe» christologisch auszulegen ist. «Der Schöpfer und Herr der Liebesbetrachtung ist gemäß der Theologie des Ignatius Christus, das menschgewordene Wort, das durch Wirken und Wesen allen Geschöpfen innewohnt und sich in seinen Kreaturen verhält wie einer, der ‹sich abmüht›.»[178] Neben einer Interpretation der Übung aus dem Ganzen der Exerzitien verweisen die zweimalige Anrede «Herr» im Gebet der Hingabe und noch mehr das von Ignatius oft gebrauchte mystische Bild von Christus als Sonne im vierten Punkt eindeutig auf Jesus Christus. Dem stehen auch Ausdrücke wie «Gott unser Herr», ja selbst «Göttliche Majestät», wie früher nachgewiesen wurde, nicht entgegen. In der mystischen Theologie des Ignatius ist Jesus Christus immer der «Schöpfer und Herr» aller Weltwirklichkeit. Wie er im innertrinitarischen Gottesgeheimnis die «Mit-Teilung» des Vaters ist, so ist er der Mittler aller göttlichen «Mit-Teilungen» nach außen in den Werken der Schöpfung und der Erlösung. Er ist die Gabe, die alle anderen Gaben in sich trägt und durch die Schöpfungs- und Heilsgeschichte «vermittelt». Er ist die Präsenz Gottes in der Welt, wieder im Werk der Schöpfung und Erlösung, im Heiligen Pneuma, im Wort der Schrift, in Kirche und Sakrament, im begnadeten Menschenherzen und in der Gemeinschaft der Glaubenden. Er ist tiefer der im Auftrag des Vaters schlechthin Wirkende: im Wirken der Schöpfung, in den Werken seines irdischen Menschenlebens, im fortdauernden Wirken des Erhöhten, der seine Sendung bis zum Ende der Tage der «Fülle» entgegenführt. Er ist der in die letzte Entäußerung Absteigende, der als der Kyrios den Aufstieg der ganzen Menschheit und der Schöpfung anführt.

Deshalb muß auch die Antwort des Menschen «christusförmig» sein: Sie fügt sich ein in die Hingabe des menschgewordenen Sohnes Jesus Christus an den Vater für das Heil der Welt. «Wir dürfen auch das große Oblationsgebet als an Christus den Herrn gerichtet deuten. Er ist der Schöpfer und Herr, dem man die ganze Freiheit zurückgibt. Er ist die Liebe und Gnade. ... Der Herr, dem wir uns nun endgültig und erst jetzt die Wahl abschließend hingeben, ist der gleiche, den wir am Anfang anredeten als den ‹ewigen Herrn aller Dinge›.»[179]

Im Hintergrund der Betrachtung steht wieder die Erleuchtung vom Cardoner mit der Zusammenschau aller Dinge im Kreuz Jesu Christi. «Durch ihn und mit ihm und in ihm» geschieht, ganz im Sinn der paulinischen Theologie, die Heimführung «aller Dinge», die dem Kyrios Jesus Christus unterworfen sind, und die alles vollendende Übergabe an den Vater.

Wie sehr auch diese letzte Übung der Exerzitien im Zeichen des Kreuzes steht – das «Suscipe» ist Nachbild der Danksagung vor dem Kreuz am Cardoner –, hat Karl Rahner einmal so ausgesprochen: «Das Finden Gottes in allen Dingen gelingt nur, die Transparenz der Dinge auf Gott erfährt nur der, welcher diesem Gott dort begegnet ist, wo er in das Dichteste, das am meisten von Gott gleichsam Abgesperrte, in das Finsterste und Undurchlässigste dieser Welt hinuntergestiegen ist: am Kreuz Jesu Christi. Erst dadurch wird das Auge des Sünders hell, wird ihm die Haltung der Indifferenz möglich, vermag er auch in jenen Dingen Gott zu finden, die ihn als Kreuz treffen, und nicht nur dort, wo er ihn haben möchte.»[180]

Die «Beschauung zur Erlangung von Liebe» macht mit ihren großartigen Dimensionen sichtbar, was die ignatianische Grundformel vom «Gott suchen in allen Dingen» meint: die aus dem Licht des Glaubens geborene Zusammenschau «aller Dinge» in Jesus Christus, dem «Schöpfer und Herrn», um sie in einer Liebe, die dient, an den Geber aller Gaben zurückzugeben.

Die Satzungen der Gesellschaft Jesu

Die gleiche mystische Inspiration, die Ignatius zum Dienst für die Menschen drängt, hat ihn die Methode der Geistlichen Übungen gestalten und die Gesellschaft Jesu gründen lassen. Denn daß er der wahre Gründer des Ordens ist, bezeugt schon die erste Gruppe der Freunde, die in ihm den Vater sahen, «der sie in Christus gezeugt hat». Seine entscheidende Rolle bei der geistigen Grundlegung und organisatorischen Gestaltung des Ordens steht nicht im Gegensatz zu den sehr demokratisch geführten Beratungen vom Frangipanihof 1539, die mit dem einstimmigen Beschluß der Zehn enden, den bisherigen Freundeskreis zu einer festen Körperschaft umzuformen. Sie wird auch nicht widerlegt durch das polternde Pochen des Nikolaus Bobadilla auf die angestammten Rechte der «Padres fundadores», der Gründerväter der Gemeinschaft. Ignatius hat seine Freunde von Paris durch die Exerzitien geformt und für den «neuen Weg» gewonnen. Aber auch die unmittelbar Nachkommenden wurden durch die gleiche geistliche Schule geprägt: ein Polanco, Nadal, Domenech.

Diese geistige Vaterschaft des Ignatius wiegt mehr als alle unbestreitbaren Führungstalente, über die er verfügte. Daß in solcher Schule die Persönlichkeiten nicht geistig gleichgeschaltet, vielmehr innerhalb der gemeinsamen Grundhaltung zur je eigenen Reife geführt wurden, hat Nadal in einer seiner Konferenzen über das Gebet ausgesprochen: «Sehr gut erwirbt man sich aus den Exerzitien mit Gottes Güte noch eine ganz eigene Gnade: ein Verständnis und ein ganz feines Gefühl für seinen eigenen, ganz besonderen Beruf und damit eine ganz eigene Ruhe und Vereinigung mit Gott, im geistlichen Gehorsam und im unablässigen Gehen auf dem Weg, auf dem man zu Gott pilgern soll.» [181]

Doch Ignatius hat nicht nur die ersten Jünger durch die Exerzitien gewonnen und geprägt. Er hat diesen Weg der Geistlichen Übungen auch zur entscheidenden Methode für die Schulung des Ordensnachwuchses gemacht. Noch mehr: Auch die Satzungen der Gesellschaft Jesu sind ganz durchdrungen vom Geist der Exerzitien, so daß man den Orden direkt als eine genossenschaftliche Ausformung der Geistlichen Übungen bezeichnen könnte. Darum bedeutete der Name «Compañía de Jesús» den Gefährten des Ignatius mehr als nur eine Etikette für den Freundeskreis und in der Folge für den Orden. In diesem geliebten und unerbittlich verteidigten Namen schwang für sie vielmehr die heilige Leidenschaft der Exerzitien, die mit dem einzigen Herrn und Meister Jesus Christus den Weg der Nachfolge gehen und sich in seinem Dienst engagieren will.

Ein neuer Ordenstyp

Neben der inneren Einheit von Exerzitien und Gesellschaft Jesu ist noch ein zweites zu beachten, um die geistige Eigenart des Ordens und damit auch die besondere Form seines geistlichen Weges zu verstehen: Ignatius hat mit der Gesellschaft Jesu zum erstenmal in der Geschichte des Ordenslebens den reinen Typ des apostolischen Ordens gestaltet. Der Unterschied zu den früheren Orden benediktinischer, franziskanischer und dominikanischer Inspiration liegt nicht im apostolischen Wirken als solchem. Denn auch die «alten» Orden haben, auf je eigentümliche Weise, Jahrhunderte vor der Gründung des Ignatius, Großes geleistet im Dienst an der Sendung der Kirche. Hier besteht das Neue, das Ignatius der Gesellschaft Jesu einstiftet, nur darin, daß er den apostolischen Dienst zum einzigen Ziel des Ordens macht und daß er ganz konsequent den Universalismus der Arbeitsfelder und der Apostolatsmethoden zum Prinzip erhebt.

Das radikal Neue, das deshalb so viel Widerspruch herausgefordert hat, stellt vielmehr die Lebensform der Gesellschaft Jesu dar. Bisher ist Ordensleben, wenn man von der eigentümlichen Form der Ritterorden absieht, identisch gewesen mit Mönchtum in seinen typischen Ausdrucksweisen von Kloster, Habit und vor allem dem Chorgebet als Kern und Quelle der Kontemplation. Den apostolischen Dienst aber betrachtete man als Ausfluß solcher Kontemplation: «contemplata aliis tradere» – die Frucht der Kontemplation an andere weitergeben.

Mit dieser tausendjährigen Tradition bricht Ignatius in einer Weise, die vom 16. Jahrhundert als revolutionär empfunden worden ist. Um der Freiheit des apostolischen Dienstes willen verzichtet er auf die Formen des monastischen Lebens. Es gibt für seinen Orden weder Mönchshabit noch Klosterklausur, keine spezifischen Übungen der Busse wie besondere Fastenzeiten usw. Der Dominikaner Melchior Cano hat in der Preisgabe des Chorgebetes direkt den «Antichrist» gesehen. Aber auch zwei Päpste, die den alten Orden entstammten, haben die Gesellschaft Jesu zum Chorgebet verpflichtet. Erst Gregor XIII. hat ihr in dieser Hinsicht für alle Zukunft die Freiheit garantiert.

Es war keineswegs Mangel an Hochschätzung für das gemeinsame Beten der Mönchsgemeinde, der Ignatius darauf verzichten ließ. Er selbst wurde noch in seiner römischen Zeit vom monastischen Chorgebet bis zu Tränen gerührt. Das entscheidende Motiv ist einzig der Primat der Freiheit für den apostolischen Dienst: «damit sie nicht von den Werken der Liebe abgehalten werden, denen sie sich ganz hingeben». In gleicher Weise begründet er den Verzicht auf feierliche Gottesdienste der Ordensgemeinschaft, «denn diese sind erfahrungsgemäß kein geringes Hindernis, da wir kraft unseres Berufes uns damit abgeben sollen, neben anderen notwendigen Verrichtungen, den ganzen Tag und einen Teil der Nacht den leiblich und seelisch Kranken Hilfe und Trost zu bringen».[182]

Ignatius macht aber nicht nur Abstriche, er schafft auch etwas Neues. In die Mitte des Ordenslebens, wo im Mönchtum das Chorgebet seinen zentralen Platz hat, stellt er die geistliche Methode des «Gott suchen in allen Dingen». Das ist das «Chorgebet» des Jesuiten und die wesentliche Weise des Betens überhaupt. Dazu wollen ihn die Exerzitien bereiten.

Darin ist die spezifische Gebetsgnade des Ordens zu sehen, wie es einmal Nadal vor Mitbrüdern formuliert, nachdem er auf die «contemplatio in actione», die Gottvereinigung in allem Tun bei Ignatius hingewiesen hat: «Was wir hier als Privileg für unseren Vater Ignatius erkennen, das glauben wir in gleicher Weise auch der Gesellschaft geschenkt, und wir vertrauen, daß jene Gnade des Gebetes und der Kontemplation uns allen in der Gesellschaft bereitstehe, ja daß sie zum Wesen unseres Berufes gehöre.»[183]
Es muß hier freilich um der geschichtlichen Ehrlichkeit willen auch gefragt werden, ob nicht die Gesellschaft Jesu selber, etwa von den Generalaten eines Borja, Merkurian und Aquaviva an, die zentrale Rolle des «Gott suchen in allen Dingen» nicht mehr recht verstanden und an seine Stelle ein ständig wachsendes und uniformiertes Pensum obligatorischer geistlicher Übungen gesetzt hat – im Widerspruch zu den Intentionen des Ignatius und der Satzungen.

Geprägt vom «Gott suchen»

Diesem geistlichen Grundgesetz des «Gott suchen in allen Dingen» gilt es nun in den Ordenssatzungen nachzuspüren, um seine ganze Bedeutung zu erfassen. Dabei darf nie vergessen werden, wie sehr die Satzungen auf den Exerzitien aufbauen: Sie setzen immer einen Menschen voraus, der durch die Geistlichen Übungen geformt worden ist. Die so nüchternen Sätze der Konstitutionen wollen gerade da, wo sie vom geistlichen Tun sprechen, immer nur an die Exerzitien erinnern und den «Dienst unter dem Banner des Kreuzes» in den Alltag übersetzen.
Der wichtigste Text zum «Gott suchen in allen Dingen» steht

im ersten Kapitel des Dritten Teils der Satzungen, der von der geistlichen Formung handelt:
«Alle sollen sich darum bemühen, ihre Absicht nicht nur in bezug auf ihren Lebensstand, sondern auch für alle einzelnen Dinge geradezuhalten, indem sie in ihnen stets rein danach streben, der göttlichen Güte um ihrer selbst willen und wegen der so einzigartigen Liebe und Wohltaten, mit denen sie uns zuvorgekommen ist, zu dienen und zu gefallen. ... Und man ermahne sie häufig, in allen Dingen Gott unseren Herrn zu suchen, indem sie, soweit es möglich ist, die Liebe zu allen Geschöpfen von sich entfernen, um sie auf deren Schöpfer zu richten und ihn in allen Dingen zu lieben und alle in ihm, gemäß seinem heiligsten und göttlichen Willen.»[184]
Im Vierten Teil der Satzungen wendet Ignatius diesen Grundsatz auf die besondere Situation der studierenden Mitbrüder an: «Wenn sie sich nach den Prüfungen [des Noviziates] dem Studium widmen, sollen sie zwar darauf achten, daß sie beim Eifer des Studiums nicht in der Liebe zu den wahren Tugenden und zum religiösen Leben lau werden; aber es wird in dieser Zeit für Abtötungen, Gebete und lange Betrachtungen nicht viel Raum geben. Denn sich der Wissenschaft zu widmen, die man mit der reinen Absicht des Dienstes für Gott erlernt und die in gewisser Weise den ganzen Menschen fordert, wird in der Zeit der Studien Gott unserem Herrn nicht weniger, sondern eher mehr wohlgefallen.»[185]
Dieser umständliche Satz will doch nur das eine sagen: Die Studierenden sollen ihre «Andacht» in der Hingabe an die Wissenschaft suchen, indem sie die Mühen der Studien rein als Dienst vor Gott und darin als «Gebet» auf sich nehmen. In einem Entwurf zu den Satzungen für die Kollegien von 1544/45 hat Ignatius den gleichen Gedanken einfacher aus-

gesprochen: «Die Scholastiker sollen ihre Studien und alle anderen Tätigkeiten zum Gebet machen, indem sie diese einzig zum Dienst Gottes unternehmen.»[186]
In den endgültigen Satzungen schreibt er: «Damit die Studenten in diesen Fächern große Fortschritte machen, sollen sie sich zuallererst darum bemühen, ihre Seele rein und ihre Absicht im Studium geradezuhalten, indem sie in der Wissenschaft nichts als die göttliche Ehre und das Wohl der Seelen suchen.»[187]
Auf seiner ersten spanischen Visitationsreise hat Nadal dieses Wort der Satzungen so ausgelegt: «Und so sollen sich alle, indem sie sich in der Welt des Gebetes und des geistlichen Lebens bewegen, im Herrn anstrengen, Gott in allen Aufgaben und Beschäftigungen zu finden, so daß sie ausschließlich auf dem Weg des Geistes wandeln und es sich zur Gewohnheit machen, Andacht und Hingabe in allen Dingen wachzurufen, und aus den Früchten des Gebetes und dessen vertrauter Übung für alle Arbeiten Nutzen zu schöpfen, soweit es die Schwäche unserer Natur zuläßt.»[188]
Ignatius ist überzeugt: Ein Scholastiker, der tüchtig studiert, wie es seine Hauptpflicht ist, findet nicht viel Zeit zum Beten. Er kann und soll aber aus seinen Studien ein Gebet machen durch die reine Absicht des Dienstes vor Gott, die all sein Tun beseelt.
Die rasche Zunahme des Nachwuchses rief nach einer gewissen Regelung der Gebetszeiten für die Scholastiker. Zuerst ließ Ignatius, immer ein Feind der Reglementierung im geistlichen Leben, den einzelnen Häusern und Provinzen dafür volle Freiheit. Erst nach 1550, als sich besonders in Spanien und Portugal die Tendenz zu immer längeren obligatorischen Gebetszeiten durchsetzte, griff er regelnd ein und setzte für die Scholastiker als obere Grenze eine Stunde Gebet

neben der Messe fest. Dazu gehörten die Gewissensprüfung, auf die er großes Gewicht legte, und das Marianische Offizium oder der Rosenkranz.

Nadal geriet bei seiner ersten Visitation in Spanien 1554, die der Einführung der Ordenssatzungen diente, mitten in das Feuer dieser gegensätzlichen Tendenzen. Die Spanier forderten, im Sinn ihrer bisherigen Praxis, als Minimum zwei Stunden Gebet. Im Wissen um die Haltung des Ignatius konzedierte er den spanischen «Hartschädeln» vorläufig anderthalb Stunden, kündigte dabei aber die kommende Reduktion auf eine Stunde an.[189] Nach seiner Rückkehr rapportierte er Ignatius über diesen Kompromiß. P. da Câmara hat in seinem Tagebuch dessen Reaktion festgehalten: «Als am vergangenen 22. November Pater Nadal mit unserem Vater darüber sprach, daß er in Spanien eineinhalb Stunden Gebet angeordnet habe, sagte der Vater, daß man ihn nicht von der Überzeugung abbringen könne, für die Scholastiker genüge eine Stunde Gebet, wenn man die Abtötung und Selbstverleugnung voraussetzen könne. Dadurch erreichten sie nämlich in einer Viertelstunde Gebet mehr als ein anderer, der nicht abgetötet sei, in zweien. Wenn jedoch bei einem mehr Mühseligkeiten und größere Notwendigkeiten vorliegen, könne man ihm mehr Gebet gestatten.»[190]

Wie sehr die Sache Ignatius beschäftigte, zeigt P. da Câmara in der Fortsetzung seiner Notiz: «Als am anderen Morgen der Vater mit mir über diese Angelegenheit sprach, sagte er, in geistlichen Dingen sei nichts härter, als andere nach sich selbst führen zu wollen; und er sprach davon, wie er einst selbst lange Gebete verrichtet habe. Dann sagte er mir noch, von hundert Menschen, die sich auf lange Gebete und reichliche Bußübungen verlegten, verwickelten sich die meisten in große Fehler, besonders in einen hartnäckigen Verstandesstolz, was der Vater besonders betonte. Und so baute der Vater auf die Abtötung und Selbstverleugnung des Eigenwillens sein ganzes Fundament auf. Als er P. Nadal davon sprach, eine Stunde Gebet genüge den Scholastikern in den Kollegien, betonte er besonders scharf, daß diese Abtötung und Selbstverleugnung vorausgesetzt werden müsse. ... Und so lobt der Vater das Gebet, besonders jenes, das darin besteht, Gott immer vor Augen zu halten.»[191] Gerade in diesem Kampf um die Gebetszeit der Scholastiker wird Ignatius noch öfters Gelegenheit haben, vom Gebet des «Gott suchen in allen Dingen» zu sprechen.

Den durch die Letzten Gelübde endgültig in den Orden eingegliederten Mitbrüdern gibt Ignatius für ihr geistliches Leben dieses Leitwort der vollen Freiheit: «Da die Gesellschaft mit der Zulassung zur Profeß und auch [mit der Eingliederung] der Helfer so lange zuwartet und eine solche Bewährung des Lebens verlangt, kann man voraussetzen, daß die Aufgenommenen vom Heiligen Geist geleitete reife Männer sein werden, die auf dem Wege Christi unseres Herrn voraneilen, soweit es ihre Körperkräfte und die äußeren Arbeiten der Nächstenliebe und des Gehorsams gestatten. Deshalb ist ihnen für das Gebet, die Betrachtung und das Studium wie auch für die körperlichen Übungen von Fasten, Nachtwachen und der übrigen Strengheiten und Bußwerke keine andere Regel zu geben als jene, die ihnen die ‹diskrete Liebe› selber vorzeichnet.»[192] Die von Ignatius erwartete geistliche Reife und die Grundregel der «diskreten Liebe» werden sie auf den Weg des «Gott suchen in allen Dingen» führen. Das Wort von der «diskreten Liebe» aber meint nichts anderes als den «amor reverencial» des Tagebuchs – Liebe, die dient in allen Werken des Alltags.

Daß diese Interpretation gültig ist, zeigt ein Passus aus dem

Neunten Teil der Satzungen. In den Anforderungen, die Ignatius an die Person des Generalobern richtet, zeichnet er das Idealbild des Jesuiten: «Bezüglich der Eigenschaften, die beim Generalobern zu wünschen sind, ist die erste, daß er sehr mit Gott unserem Herrn verbunden und mit ihm im Gebet und allen seinen Handlungen vertraut ist, damit er um so besser von ihm als dem Quell alles Guten für den ganzen Leib der Gesellschaft viel Anteil an seinen Gaben und Gnaden und viel Einfluß und Wirksamkeit für alle Mittel erwirkt, die zur Hilfe für die Seelen angewandt werden.»[193]
Neben dem ausdrücklichen Hinweis auf die Verbundenheit mit Gott in allem Tun klingt hier ein weiteres Motiv an: Der derart mit Gott verbundene Mensch wird zu einem geeigneten Werkzeug in der Vermittlung der Gnaden.
Dieses Motiv des mit Gott verbundenen Werkzeugs kehrt im Schlußteil der Satzungen wieder: «Für die Bewahrung und Mehrung nicht nur des Leibes, das heißt des Äußeren der Gesellschaft, sondern auch ihres Geistes, und für die Erreichung ihres Zieles, nämlich den Seelen zu helfen auf dem Weg zu ihrem letzten und übernatürlichen Ziel, sind die Mittel, die das Werkzeug mit Gott verbinden und es dafür bereiten, sich gut von seiner göttlichen Hand leiten zu lassen, wirksamer als die Mittel, die es zu den Menschen hin disponieren.»[194]
Und dann nennt der Verfasser in besonderer Weise «Liebe und die Absicht des Dienstes vor Gott und Vertrautheit mit Gott unserem Herrn».[195]
Dieses innig mit Gott verbundene Werkzeug kann sich dann großzügig auch aller Mittel der Welt bedienen, «wofern man sie allein um des Dienstes Gottes willen gebraucht, nicht um auf sie zu vertrauen, sondern um mit der göttlichen Gnade nach der Ordnung der höchsten Vorsehung Gottes unseres Herrn mitzuwirken». Denn er ist als der Schöpfer und

Herr der Geber aller Gaben in Natur und Gnade und kann deshalb durch alles verherrlicht werden.[196]
In ähnlicher Weise wird schon bei den Grundsätzen für die geistliche Ausbildung gesagt, daß die Gotthingabe im Dienst zur Quelle der Gnaden wird, nicht nur für das eigene Leben, sondern ebenso für die Mitmenschen im apostolischen Werk: «Und allgemein gilt: Je mehr sich jemand an Gott unseren Herrn bindet und sich freigebig gegenüber seiner göttlichen Majestät zeigt, desto freigebiger wird er ihn sich gegenüber erfahren, und er selbst wird desto mehr bereit sein, von Tag zu Tag größere Gnaden und göttliche Gaben zu empfangen.»[197] In diesem Satz klingt wieder die gegenseitige Mit-Teilung der Gaben aus der Beschauung zur Erlangung der Liebe in den Exerzitien an. In einem Zusatz zum zitierten Text aber heißt es: «Sich mehr an Gott unseren Herrn binden und sich ihm gegenüber freigebig zeigen heißt, sich ganz und unabänderlich seinem Dienst weihen.»[198]

Die Sicht der Gelübde

Die Grundhaltung des «Gott suchen in allen Dingen» kehrt auch in jenen Abschnitten des Satzungen wieder, die über die Gelübde handeln. Der Verzicht auf alle festen Einkünfte und die Unentgeltlichkeit der apostolischen Arbeiten, die schon den Inhalt des Armutsgelübdes vom Montmartre bilden, werden motiviert mit dem Satz: «Denn sie sollen alle Dinge rein um seines [Gottes unseres Herrn] Dienstes willen tun.»[199] Für das Experiment der Pilgerfahrt, das Ignatius in Erinnerung an die eigene Heilig-Land-Wallfahrt ins Ausbildungsprogramm der Novizen aufgenommen hat, gibt er als Motiv an: «... auch um alle Hoffnung, die man auf Geld oder andere geschaffene Dinge richten könnte, aufzugeben und sie mit solchem Glauben und starker Liebe vollständig auf seinen Schöpfer und Herrn zu richten.»[200] Diesen Beweggrund wiederholt Ignatius im Sechsten Teil der Satzungen, wo er thematisch von der Armut handelt. Nach der Absage an alle Sicherungen durch feste Einkünfte schreibt er: «Sie [die Gesellschaft Jesu] soll vielmehr auf unseren Herrn, dem sie durch seine göttliche Gnade dient, vertrauen, er werde, auch ohne daß sie feste Einkünfte hat, in allem, was immer zu seinem größeren Ruhm und Lobpreis gereichen kann, Vorsorge geschehen lassen.»[201] Das Ziel der Armut ist die Freiheit für den Dienst vor Gott, ihr Grund das Vertrauen in die Vorsehung.

In den Fragen des Gehorsams kehrt ständig der tragende Gedanke wieder, im Obern den Repräsentanten der göttlichen Autorität zu sehen, in ihm also «Gott zu finden»: «Sie sollen dabei die Augen auf Gott unseren Schöpfer und Herrn gerichtet halten, um dessentwillen dieser Gehorsam geleistet wird, und sich bemühen, im Geist der Liebe und nicht verwirrt durch Furcht voranzugehen.»[202] Sie werden angewiesen, in der Weisung des Obern Gottes Wort und Verfügung zu hören und zu erfüllen: «Sie sollen den Willen und das Urteil ihres Obern als Regel ihres eigenen Wollens ansehen, um so mit der ersten und höchsten Regel allen guten Willens und Urteils, nämlich der ewigen Güte und Weisheit, genauer übereinzustimmen.»[203] Und im nächsten Abschnitt unterstreicht Ignatius diesen Gedanken noch einmal: «Sie sollen sich daran gewöhnen, nicht darauf zu sehen, wer die Person ist, der sie gehorchen, sondern wer der ist, um dessentwillen und dem sie in allem gehorchen, nämlich Christus unserem Herrn.»[204]

Das gleiche Motiv gibt Ignatius schon dem Novizen, der in

der Küche hilft und dabei dem Koch Gehorsam leistet: «... da ja der wahre Gehorsam nicht darauf sieht, wem man ihn leistet, sondern um wessentwillen man ihn erfüllt. Leistet man ihn allein um unseres Schöpfers und Herrn willen, so gehorcht man dem Herrn aller selbst.»[205]

Im besonderen muß sich der Gehorsam bewähren in den apostolischen Aussendungen, durch die das Ordensziel des Dienstes am Heilswerk verwirklicht wird. Deshalb wird dem Obern dazu, in Unterordnung unter den Papstgehorsam, alle Vollmacht gegeben: «Um den geistlichen Nöten der Seelen mit mehr Leichtigkeit in vielen Gegenden und mit mehr Sicherheit für diejenigen, die zu diesem Zweck gehen, zu Hilfe kommen zu können, haben die Obern die Vollmacht, nach der ihnen vom Papst verliehenen Bewilligung wen auch immer aus der Gesellschaft zu senden, wohin es ihm dienlicher erscheint.»[206] Bei diesen Entscheidungen hat sich der Obere stets an das Wahlprinzip «des größeren Dienstes vor Gott und des größeren allgemeinen Wohls» zu halten. Befehlen und Gehorchen stehen also gleicherweise im Horizont des alleinigen Dienstes vor Gott.

Dem Ausgesandten wird darum gesagt: «Und ohne sich einzumischen, um zu gehen oder an einem Ort eher als an einem anderen zu bleiben, soll es Sache dessen sein, der gesandt wird, völlig und sehr frei die Verfügung über sich dem Obern zu überlassen, der ihn an Stelle Christi unseres Herrn auf dem Weg seines größeren Dienstes und Lobpreises lenkt. Und ebenso soll niemand mit irgendwelchen Mitteln zu erreichen suchen, daß andere an dem einen Ort bleiben oder an einen anderen gehen, außer mit dem Willen des jeweiligen Obern, durch den sich der Betreffende in unserem Herrn lenken lassen soll.»[207] Auch in den Zusätzen kehrt das Motiv der Stellvertretung wieder. Da wird vom Obern gesagt, daß er die Untergebenen «an Stelle Christi unseres Herrn als Deuter seines göttlichen Willens zu leiten hat».[208] «Und es soll immer Sache des Untergebenen sein, seine Aussendung freudig wie von Gott unserm Herrn anzunehmen.»[209] Denn immer darf er das Vertrauen haben, daß «es die höchste Vorsehung und die Leitung durch den Heiligen Geist ist, die wirksam zustande bringen muß, daß man in allem das Rechte trifft».[210]

So wollen alle Weisungen zum Gehorsam immer nur das eine sagen: Im Obern wird der Repräsentant der göttlichen Autorität gesehen und darum wird aller wahre Gehorsam nicht nur um Christi willen, sondern letztlich ihm allein geleistet. Aller Gehorsam ist Dienst für Christus den Herrn, der um des Heiles der Welt willen gehorsam geworden ist.

In ähnlicher Weise wird auch jeder Mitbruder zum Repräsentanten des göttlichen Urbildes, so daß auch in ihm Jesus Christus gefunden werden kann: «Sie sollen sich in allem darum bemühen und wünschen, den anderen den Vorrang zu geben, indem sie in ihrer Seele alle schätzen, als stünden sie über ihnen, und ihnen im Äußeren in religiöser Einfachheit und Schlichtheit die Ehrfurcht und Ehrerbietung erweisen, die der Stand eines jeden zuläßt, so daß sie, indem sie einander ansehen, in der Frömmigkeit wachsen und Gott unseren Herrn lobpreisen, den jeder im anderen als in seinem Bild wiederzuerkennen sich bemühen soll.»[211] Auch diese Weisung ist wieder Echo des starken Motivs vom «amor reverencial» im Tagebuch. Die ehrfürchtige Liebe zum Schöpfer und Herrn weitet sich aus auf den Menschen als sein Bild und wird verstärkt dem Mitbruder geschenkt, der sich dem gleichen Herrn zum Dienst verschrieben hat.

Neben den Texten, die ausdrücklich vom «Gott suchen in allen Dingen» sprechen, verweist Ignatius in den Satzungen immer wieder auf das eine Ziel des Dienstes vor Gott, dem sich der ganze Orden und jedes seiner Glieder geweiht haben. Die Freunde der Statistik haben dort das Wort «Dienst vor Gott» hundertvierzigmal als Ziel und Norm des Lebens und der Arbeit gefunden, zusätzlich achtundzwanzigmal in der verstärkten Formel «Lob und Dienst Gottes». Dienst vor Gott: Damit ist sowohl das universale apostolische Ziel des Ordens als auch die alles Leben durchwirkende geistliche Grundhaltung angesprochen, denn beide bilden eine untrennbare Einheit. Sie sind nur eine andere Formulierung des «Gott suchen in allen Dingen» und drücken schon aus, daß Gott in einem allumfassenden Dienst gefunden wird.

Zum Schluß ist hier wieder zu unterstreichen, daß auch die Satzungen das Wort vom «Gott in allen Dingen suchen» in einem christologischen Verständnis gebrauchen und damit auf die Christusmystik des Ignatius zurückverweisen. Im Zusammenhang mit diesem Suchen nennen sie ausdrücklich Christus, so öfters beim Gehorsam, der im Obern Christus dem Herrn geleistet wird. Mehrere Male kehrt in diesen Texten die Formel «Schöpfer und Herr» wieder, die von Ignatius immer für Jesus Christus verwendet wird. Ganz allgemein steht hinter den Satzungen wie hinter den Exerzitien die «universale» Christologie, die ihren Urgrund in der Mystik des Ignatius hat.

Darum heißt die geistliche Grundformel des Ignatius auch im Sinn der Satzungen genauer: «Christus in allem suchen.» In ihrem Sinn gilt es, alle Wirklichkeit der Welt glaubend von Christus her und auf ihn hin zu betrachten. Das «Mit Ihm» aus der Königsbetrachtung der Exerzitien findet sein Echo in den oft so schwerfälligen Worten der Satzungen, die aber doch nichts anderes erstreben, als die Liebe zum Herrn Jesus Christus, «um sich mit ihm abzumühen» im Dienst, der ihm vom Vater aufgetragen ist. Indem ihm so «in allem gedient» wird, geschieht durch ihn die letzte Ausrichtung des Dienstes auf den Vater.

Briefe als Kommentar

Was die Satzungen aus der Inspiration der Liebesbetrachtung der Exerzitien zum richtungweisenden Grundsatz des «Gott suchen in allen Dingen» verdichtet haben, wird für das konkrete Leben gedeutet in vielen Briefen, die Ignatius selber oder in seinem Auftrag und aus seinem Geist der Sekretär Polanco geschrieben haben. Es sind vor allem drei Situationen, in denen Ignatius das Thema der Gottvereinigung in allem Tun aufgreift, erläutert und gegen alle Angriffe verteidigt. Eine erste Gruppe von Briefzeugnissen entspringt der Sorge um die geistliche Formung der jungen Mitbrüder. Dabei werden vor allem die Leitsätze aus dem Vierten Teil der Satzungen interpretiert. In einer zweiten Reihe von Briefen wird ein Stück jenes Kampfes ausgetragen, den Ignatius gegen die Ausdehnung der obligatorischen Gebetszeit im Orden führen mußte. Ein drittes Bündel enthält Trostschreiben des Ignatius an Mitbrüder, die stöhnen unter der Last der Arbeit und darob kaum Zeit zum Beten finden.

Weisungen für die Studienzeit

Ignatius hat in den eigenen Studien bewußt auf den himmlischen Trost verzichtet, um von ihm, der ja viel süßer schmeckte als die Lateingrammatik und der Aristoteles, nicht in der soliden Arbeit hinter den Büchern gestört zu werden.

Im Bericht des Pilgers erzählt er vom Beginn des Lateinstudiums in Barcelona: «Wenn er auswendig lernen sollte, wie dies zu Anfang des Grammatikunterrichts notwendig ist, überkamen ihn derartige Einsichten in Dingen des geistlichen Lebens und neuartige Tröstungen, und zwar in solcher Stärke, daß er nicht mehr auswendig lernen konnte.» In kritischer Selbstprüfung entdeckt er: «Nicht einmal wenn ich wirklich beim Beten bin oder bei der Messe, überkommen mich derart lebhafte Einsichten. Ganz allmählich merkte er so, daß dies alles nur Versuchung war.» Zu ihrer Abhilfe legt er seinem Lehrer, den er eigens in eine Kirche gebeten hat, das «feierliche Versprechen» ab: «Ich verspreche Euch, in den folgenden zwei Jahren niemals Euren Unterricht zu versäumen, wofern ich nur in Barcelona Brot und Wasser auftreiben kann, um mich am Leben zu erhalten.»[212] Die gleiche Anfechtung wiederholt sich noch einmal am Anfang der Pariser Studienzeit: «Jedesmal wenn er eine Vorlesung hörte, vermochte er nicht recht aufmerksam zu sein wegen der vielen geistlichen Erleuchtungen, die sich ihm aufdrängten.» Wieder sichert er sich dagegen durch ein Versprechen seinem Magister gegenüber.[213]

Nach der Rückkehr aus dem Heiligen Land war ihm aufgeleuchtet, daß er studieren und Priester werden soll, um den Seelen besser dienen zu können. Deshalb ist es ihm auch klar, daß für ihn jetzt die tägliche harte Studierarbeit Gottes Wille und darum von seiner Seite der Gott wohlgefälligste Dienst ist. Polanco weiß in seiner Skizze zur Ignatiusbiographie sogar exakt zu berichten, daß der Vater während der Studienzeit sein tägliches Gebet auf die Messe, die Gewissensprüfung und eine weitere Stunde verkürzte.[214] Wenn Ignatius später sagen wird, das recht betriebene Studium erfordere den ganzen Menschen und lasse deshalb nicht viel Zeit zum Beten, dann steckt hinter diesem Wort die Erinnerung an die eigene Mühe, aber auch der eigene Ernst seiner Studienzeit.

Am 7. Mai 1547 schreibt Ignatius den jungen Jesuiten in Coimbra einen seiner reichsten geistlichen Briefe. Der portugiesische Provinzial Simon Rodrigues, einer aus dem Pariser Freundeskreis, der bald als Widerpart des Ignatius in der Mitte einer harten Auseinandersetzung um die geistige Ausrichtung des Ordens stehen wird, hat das Schreiben erbeten in der Hoffnung, daß es seinen eigenen Kurs bestätigen möchte. Doch Ignatius geht nicht auf die Kontroverse ein. Wer nicht um den Hintergrund weiß, kann ihn nicht aus dem Wortlaut heraushören – so etwas gehört auch zur Diskretion des Ignatius. Der erste Teil des langen Briefes ist ein Ansporn. Ignatius will es nicht unterlassen, «auch denen die Sporen zu geben, die schon laufen». Den Schwerpunkt dieses Teiles bildet der Appell zur liebenden Nachfolge des Herrn: «Über alles möchte ich, daß in Ihnen brenne die reine Liebe zu Jesus Christus, das Verlangen nach seiner Ehre und nach dem Heil der Seelen, die er erlöst hat.»

Im zweiten Teil schlägt der Ton um: «Was ich bis jetzt gesagt habe, um den etwa Schlafenden aufzurütteln und den Saumseligen anzuspornen, soll aber kein Anlaß werden, daß einer auf das entgegengesetzte Übermaß unklugen Eifers verfalle.» Das richtet sich präzis gegen den indiskreten aszetischen Kurs des Simon Rodrigues: «Dabei ist auf geistlichem Gebiet eine kluge Unterscheidung nötig.» Zu solcher Unterscheidung hilft vor allem der Gehorsam. Damit trifft Ignatius auf die wundeste Stelle im schwelenden Konflikt, der seinen Höhepunkt erreicht, als Simon Rodrigues in kritischer Stunde dem Ignatius den Gehorsam verweigert: «Keiner soll sich vom Gehorsam entfernen; denn diese Tugend empfehle ich Ihnen besonders eindringlich, zusammen mit jener anderen, die zugleich der Inbegriff aller übrigen und Jesus Christus so teuer ist, daß er sie sein eigenes Gebot nennt: ‹Das ist mein Gebot, daß ihr einander liebt.› (Joh. 15,12)» Aus dem Motiv dieser Liebe ermahnt er seine jungen Mitbrüder: «Betreiben Sie einerseits eifrig Ihre Studien und entfachen Sie andererseits die brüderliche Liebe, so werden Sie ganz und gar Werkzeuge der göttlichen Gnade und Mitarbeiter an dem erhabenen Werk, die Geschöpfe Gottes zu ihrem letzten Ziel zu führen.»

In vier Punkten zeigt er ihnen dann, wie sie schon während der Studien den apostolischen Eifer wachhalten und alles Tun auf das eine Ziel des Ordens ausrichten können. Auch dieser Hinweis auf die apostolische Grundrichtung ist eine Antwort auf pseudomonastische Tendenzen, die das apostolische Ziel des Ordens in den Hintergrund treten lassen. Ignatius zeigt den jungen Mitbrüdern, daß sie auch jetzt schon in der Zeit der Ausbildung dem Nächsten auf mannigfache Weise zu Gottes Ehre und Verherrlichung dienen können: «Erstens durch die gegenwärtige Arbeit, indem Sie dieselbe in guter Meinung auf sich nehmen und ganz einstellen auf die Erbauung der Seelen.» Das Wort von der rechten Absicht gehört schon ganz in den Gedankenkreis des «Gott suchen in allen Dingen». «Die zweite besteht darin, daß Sie in der Tugend fortzuschreiten suchen. Dann werden Sie befähigt sein, die Nächsten so umzuformen..., denn Sie werden durch ein tugendhaftes Leben zu einem noch geeigneteren Werkzeug zur Vermittlung der Gnaden als durch das Studium, wenngleich zu einem idealen Werkzeug beides nötig ist.» Mit dem Bild vom Werkzeug rührt Ignatius wieder an ein Grundanliegen seiner geistlichen Haltung, die ganz auf das Apostolat orientiert ist und bei ihm ebenfalls im Horizont des «Gott suchen in allen Dingen» steht. In den gleichen

Zusammenhang gehört auch der folgende Hinweis: «Die dritte Art, schon jetzt dem Nächsten zu nützen, ist das Beispiel eines tugendhaften Lebens.»
Dann kommt Ignatius auf das eigentliche Anliegen zu sprechen: «Die vierte Art, seinen Mitmenschen schon jetzt zu helfen, ist das heilige Verlangen und Gebet; und damit kann man sehr weit ausgreifen. Wenn Ihnen auch das Studium nicht viel Zeit zum langen Beten läßt, so können Sie doch viel durch das Verlangen ausgleichen: indem Sie alles nur für den Dienst Gottes tun, machen Sie aus allen Ihren Übungen ein beständiges Gebet.» Das ist der Kernpunkt: aus allem Tun, jetzt vor allem aus den Studien, ein beständiges Gebet machen in der durchgängigen apostolischen Ausrichtung des ganzen Lebens. Das ist genau, wenn auch in anderen Worten, sein Weg des «Gott suchen in allen Dingen». So schließt er den Brief: «Ich flehe zu Gott, unserem Schöpfer und Erlöser, der Sie in Gnaden berief und Ihnen einen tatkräftigen Willen gab, um sich gänzlich für seinen Dienst einzusetzen, er möge in Ihnen weiterwirken und seine Gaben mehren, damit Sie standhaft ausharren und in seinem Dienst wachsen, zu seiner größeren Ehre und Verherrlichung und zum Nutzen seiner Kirche.»[215]
Vier Jahre später, am 1. Juni 1551, schreibt Polanco im Auftrag des Ignatius dem Rektor des gleichen Kollegs in Coimbra, P. Urban Fernandes, einen Brief als Antwort auf dessen Bitte «um einige Leitsätze» für die Führung seines Studienhauses. Zuerst gibt er Richtlinien zur Eignungsprüfung der Kandidaten, unterstreicht die Rolle des Gehorsams und wiederholt die Mahnung zum Maßhalten in körperlichen Kasteiungen. Dann fährt er fort: «Ich komme zu Gebet und Betrachtung: Wenn nicht infolge der angedeuteten lästigen oder gefährlichen Versuchungen besondere Notwendigkeiten

vorliegen, so finde ich ihn [Ignatius] mehr dazu geneigt, daß man in allen Dingen Gott zu finden trachte, als daß man viel zusammenhängende Zeit auf das Gebet verwende. Der Geist, den er in der Gesellschaft zu sehen wünscht, ist der, daß man soweit möglich nicht weniger Andacht bei jedem beliebigen Werk der Liebe und des Gehorsams finde, als in Gebet und Betrachtung; denn alles sollen wir aus Liebe zu Gott unserem Herrn und für seinen Dienst tun. Und ein jeder soll mehr in dem ihm Aufgetragenen seine Befriedigung finden; denn dann kann er nicht zweifeln, daß er dem Willen Gottes unseres Herrn gleichförmig ist.» Noch einmal betont er den Gehorsam und damit die Bereitschaft, «den Willen Gottes unseres Herrn zu tun, der ihnen durch den Gehorsam kund wird.» Zum Schluß faßt er die geistige Grundrichtung des Ignatius in den Satz zusammen: «Was die gesamte Einstellung betrifft, so möchte er, daß alle unmittelbar die Ehre Gottes suchen mit Seele und Leib und in allen Arbeiten, und daß sie es mit allem Eifer auf die geistliche Hilfe des Nächsten ablegen – jeder auf seine Weise.»[216]

«In allen Dingen Gott finden», «Andacht bei jedem Werk», und dies getragen vom Eifer für die «Hilfe am Nächsten»: das ist wieder die geistliche Lehre des Ignatius.

Sie kommt in einem zweiten Brief Polancos vom gleichen 1. Juni 1551 zum Ausdruck. Er ist adressiert an P. Antonio Brandão in Coimbra, der in der Krise der portugiesischen Provinz eine ungute Rolle spielen und schließlich 1553 den Orden verlassen wird. Wieder stellt Polanco den Standpunkt des Ignatius in der Frage des Gebetes klar heraus:

«Erste Frage: Wieviel soll ich dem Beten widmen, während ich im Studium begriffen bin?

Die Antwort ergibt sich aus dem Zweck, den ein Scholastiker im Kolleg zu verfolgen hat; und der besteht darin, sich die wissenschaftlichen Kenntnisse anzueignen, mit denen er Gott unserem Herrn zu seiner grösseren Ehre dienen soll, indem er sie zum geistlichen Nutzen des Nächsten verwendet. Das erfordert den ganzen Menschen, und man könnte sich ihm nicht ganz hingeben, wenn man lange Zeit auf das Gebet verwenden wollte. Deshalb genügt für die Scholastiker, die nicht Priester sind, im ganzen eine Stunde täglich außer der Messe... Für studierende Priester genügen an sich die vorgeschriebenen kirchlichen Tagzeiten nebst der heiligen Messe und der Gewissensprüfung.» Soviel zum Maß der Gebetszeit.

Mitten ins Thema des «Gott suchen in allen Dingen» führt der nächste Abschnitt des Briefes.

«Zweite Frage: Worauf ist beim Beten zu achten, damit es unserem Beruf möglichst angemessen sei?

Mit Rücksicht auf den Zweck der Studien, dessentwegen die Scholastiker keine langen Gebetszeiten haben sollen, können sie außer den Übungen ihres geistlichen Lebens – als da sind die tägliche Messe, eine Stunde für Gebet und Gewissensprüfung, wöchentliche Beicht und Kommunion – sich noch darin üben, die Gegenwart Gottes unseres Herrn in allen Dingen zu suchen, z.B. im Sprechen, im Gehen, Sehen, Schmecken, Hören, Denken, überhaupt in allem, was sie tun; ist ja doch Gottes Majestät in allen Dingen, durch seine Gegenwart, durch sein Wirken und sein Wesen. Diese Art zu ‹betrachten›, bei der man Gott unseren Herrn in allem findet, ist leichter, als wenn wir uns zu geistlichen Gegenständen mehr abstrakter Art erheben wollten, in die wir uns doch nur mit Mühe hineinversetzen können. Auch bringt diese ausgezeichnete Übung große Gnadengaben des Herrn mit sich, selbst bei nur kurzem Gebet, und bereitet uns dafür vor. Ferner können sie sich darin üben, Gott unserem Herrn oft ihre Studien und Mühen aufzuopfern, indem sie erwägen, daß sie dieselben ihm zuliebe auf sich nehmen und die persönlichen Neigungen zurückstellen, um einigermaßen seiner Majestät zu dienen und denen zu Hilfe zu kommen, für deren Leben er selber in den Tod ging. Über diese beiden Übungen können wir auch das Examen [die besondere Gewissensprüfung] anstellen.»[217]

Auch hier spricht sich die Grundrichtung des Ignatius aus: keine langen Gebete, statt dessen das immerwährende Gebet des «Gott suchen in allen Dingen». Auf zwei Punkte des Abschnitts sei noch eigens hingewiesen: Polanco umschreibt das «Gott suchen in allen Dingen» mit Ausdrücken, die ein Nachhall der Liebesbetrachtung am Schluß der Geistlichen Übungen sind und deren zweiten bis vierten Punkt kurz zusammenfassen. Der letzte Satz aber zeigt wieder eindeutig: Das «Gott suchen in allen Dingen» richtet sich unmittelbar auf Jesus Christus aus, denn nur er ist für die Menschen «in den Tod gegangen». Er also ist «Gott der Herr» und die «Majestät», die hier angesprochen werden.

Kampf gegen lange Gebete

Die Briefe nach Coimbra geben in positiver Sicht die Haltung des Ignatius wieder. Über ihnen stehen aber schon die Wolken jenes Gewitters, das bald über die iberischen Ordensprovinzen hereinbrechen wird. Gefördert vom spirituellen Zeitgeist, der in Luis de Granada, Pedro de Alcántara und anderen seine Patrone hatte, setzte sich auch bei manchen Jesuiten eine monastisch-kontemplative Richtung durch. Sie erhielt ein besonderes Gewicht durch angesehene und einflußreiche Männer wie Simon Rodrigues und den Herzog Franz Borja, der schon vor seinem öffentlichen Eintritt in die

Gesellschaft Jesu enge Beziehungen zu den Jesuiten hatte. So war gerade das von ihm gegründete Kolleg von Gandía ein Herd dieser pseudomonastischen Bewegung mit seinem eigenartigen Dreigespann, dem bei Borja einflußreichen Franziskaner Texeda und den beiden Jesuiten Oviedo und Onfroy. Es gingen in diesen Reihen sehr ernst gemeinte Sprüche um wie: ein Gebet, das nicht wenigstens zwei Stunden dauere, sei überhaupt noch kein rechtes Gebet. Sie konnten sich dabei auf den weitverbreiteten «Libro de oración» des Luis de Granada berufen, wo wörtlich nachzulesen war, man könne sich nicht wirklich im Gebet mit Gott vereinigen, wenn man nicht wenigstens eineinhalb bis zwei Stunden darauf verwende.

Ignatius war nie ein Freund von Reglementen für das geistliche Leben. Ihm entsprach gerade auf diesem Feld das Prinzip der Freiheit und der Anpassung an die Personen, ihre Situationen und Bedürfnisse, noch mehr aber an die jedem eigene Gnade. Darum hat er in den Satzungen für die ausgebildeten Jesuiten einzig die «diskrete Liebe» zum Grundsatz für das geistliche Leben gegeben. Nun aber mußte er eingreifen, um einer Fehlentwicklung des Ordens zu steuern. Am meisten gefährdet waren die jungen Mitbrüder. Um sie vor falschen Tendenzen zu schützen, gab er eindeutige Weisungen für Zeit und Formen des Gebetes. Wie stark er mit dem Maß einer Stunde täglichen Gebetes neben der Messe die herrschende Praxis in Spanien und Portugal beschnitt, zeigt z.B. die Tatsache, daß in den Ausbildungshäusern von Coimbra und Gandía täglich zwei volle Stunden, je eine am Morgen und am Abend, der Meditation gewidmet wurden, dazu kamen noch andere Gebetsübungen. Ignatius kämpfte aber nicht nur gegen die langen Gebete, vielmehr bot ihm dieses Ringen immer wieder Gelegenheit, auf das dem Orden ei-

gentümliche Gebet des «Gott suchen in allen Dingen» hinzuweisen.
Am 20. September 1548 erhält Herzog Franz Borja, der 1546, nach dem frühen Tod seiner Gattin, im geheimen schon in die Gesellschaft Jesu aufgenommen worden ist, aber den offenen Eintritt bis zur Regelung aller familiären Angelegenheiten aufschieben muß, von Ignatius einen Brief, mit dem er den Einfluß Texedas und Oviedos zu korrigieren sucht. Gleich im ersten Abschnitt schreibt er: «Was zunächst die regelmäßige Zeit für geistliche Übungen, innere wie äußere, betrifft, so meine ich, Sie sollten die Hälfte davon fahren lassen.» Nach diesem Paukenschlag entwickelt er seine Idee der Anpassung an die persönliche Verfassung. «Gewiß müssen wir für gewöhnlich in inneren und äußeren Übungen mehr tun, je mehr einmal in uns Gedanken rege werden, die vom verderbten Ich und vom bösen Feind kommen... Umgekehrt: je mehr solche Gedanken zurückgehen oder absterben, um so mehr kommen gute Gedanken und heilige Anregungen... Folglich sind dann nicht mehr solche Waffen notwendig.»
Aus diesem Grundsatz zieht er für seinen Adressaten, den er von einem regelmäßigen Briefverkehr her schon gut kennt, die Folgerung:
«Deshalb möchte ich es für besser halten, insoweit ich mir über Eure Durchlaucht in unserem Herrn ein Urteil bilden kann, wenn Sie die Hälfte der Gebetszeit für das Studium – denn später wird Ihnen nicht nur das eingegossene, sondern auch das erworbene Wissen sehr nötig sein –, auf die Staatsgeschäfte oder für geistliche Gespräche verwenden. Suchen Sie nur immer die Seele in innerem Frieden und in ruhiger Bereitschaft zu halten für die Zeit, wann unser Herr in Ihnen wirken will. Denn ohne Zweifel ist mehr Tugend und Gnade darin, sich seines Herrn in verschiedenen Geschäften und

an verschiedenen Orten freuen zu können, als eben nur an einem [nämlich im Gebet]. Zu diesem Ziel müssen wir uns gar sehr die Hilfe der göttlichen Güte zunutze machen.»[218]
«Sich seines Herrn in verschiedenen Geschäften und an verschiedenen Orten freuen zu können», das ist wieder, nur mit anderen Worten, die Maxime des «Gott suchen in allen Dingen». Die nächsten Abschnitte des Briefes befassen sich mit Fragen des Fastens und anderer körperlicher Bußwerke. Der durch eigenen Übereifer klug gewordene Ignatius legt in seiner Antwort ein Musterbeispiel für die Haltung der «diskreten Liebe» vor.
An Andreas Oviedo, den Rektor von Gandía, der täglich acht Stunden dem Gebet widmet, schreibt Polanco im Auftrag des Ignatius: «Abgesehen vom pflichtmäßigen Breviergebet soll er auf Gebet oder Betrachtung und die Gewissensprüfung nicht mehr als eine Stunde verwenden, damit er mehr Zeit und Aufmerksamkeit für andere Dinge im Dienste Gottes übrig habe. Er kann sich ja mitten in der Arbeit Gott gegenwärtig halten und so beständig beten, indem er alles auf den größeren Dienst und die größere Verherrlichung Gottes hinlenkt.»[219]
Doch in Gandía geistert die pseudomystische Tendenz weiter. Oviedo bittet in Rom um die Gunst, zur Förderung seiner Andacht täglich zwei bis drei Messen feiern zu dürfen. Wie ihm dies nicht zugestanden wird, verbindet er sich mit Onfroy zum Gesuch für einen siebenjährigen Aufenthalt in der Wüste, um sich einmal gründlich «ausbeten» zu können. Den Höhepunkt in dieser Auseinandersetzung bildet eine lange Liste von Privatoffenbarungen Onfroys, die von Gandía nach Rom gesandt wird. Diese «Offenbarungen» zielen auf eine «Reform» der Gesellschaft Jesu ab, natürlich ganz im Sinn dieser pseudomystischen Tendenzen: Ausdrücklich

wird darin gesagt, Gott sei mit dem neuen Orden speziell wegen des geringen Ausmaßes von Gebets- und Bußübungen nicht zufrieden. Ignatius übergibt die Liste der «Offenbarungen» einer Kommission gelehrter Patres und überprüft selber deren ausführliches Gutachten. Dann schickt er es an Franz Borja, damit dieser sich der Sache annehme und zum Rechten sehe. Hier interessiert vor allem der Abschnitt über das Gebet. Die Antwort aus Rom lautet:

«Die Behauptung, ein Gebet von einer oder zwei Stunden sei gar kein Gebet und es sei mehr vonnöten, ist keine gesunde Lehre und widerspricht der Auffassung und Praxis der Heiligen. Erstens geht das aus dem Beispiel Christi hervor, der zwar ab und zu die Nacht im Gebet verbrachte, aber sonst nicht so lange betete, ... und doch wird man weder in Abrede stellen, daß es Gebete waren noch behaupten, daß sie eine oder zwei Stunden überschritten hätten... Das gleiche ergibt sich zweitens aus dem Gebet, das der Herr gelehrt hat [gemeint ist das Vaterunser] und das Christus ein Gebet nennt, obgleich es kurz ist und nicht ein bis zwei Stunden verlangt.» Dann folgt eine lange Widerlegung der These Onfroys aus der Geschichte und Lehre des geistlichen Lebens.

Zum Schluß kommt das Gebet der Scholastiker zur Sprache: «Siebentens, die Scholastiker, die für die Ehre Gottes und das allgemeine Wohl studieren: wieviel sollten denn sie nach seiner [Onfroys] Meinung dem Gebet widmen, wenn sie sich die Geisteskräfte frisch für das Studium und dabei den Leib bei guter Gesundheit halten sollen? Es wäre gut, er machte sich einmal klar, daß Gott sich des Menschen nicht nur dann bedient, wenn er betet; sonst wären allerdings alle Gebete zu kurz, wenn sie weniger als vierundzwanzig Stunden am Tag dauerten, ... der Mensch muß sich ja, soweit er nur kann, Gott hingeben. In Wirklichkeit aber bedient sich dieser bisweilen anderer Dinge mehr als des Gebetes; und manchmal läßt er zu, daß man ihretwegen auf das Gebet verzichtet, und öfter noch, daß man es abkürzt. Gewiß muß man also beten und nicht ablassen; aber in einem vernünftigen Sinn, so wie es die Heiligen und Gottesgelehrten verstanden haben.»[220]

Wie ein Refrain kehrt auch hier der Gedanke wieder: Der Mensch muß allezeit Gott zu Diensten sein. Das geschieht aber nicht nur im Gebet, sondern oft noch mehr in anderen Dingen, vor allem im Dienst am Mitmenschen. Dieses umfassende Dienstmotiv gehört zum Kern des «Gott suchen in allen Dingen».

Natürlich zeigen die «Reformpläne» aus Gandía eine äußerste Grenzlinie dieser ganzen Auseinandersetzung an. Es ging in ihr aber um weit mehr als bloß um das Zeitmaß für das Gebet. Ignatius kämpfte im letzten um die apostolische Zielsetzung des Ordens, sie wollte er unverfälscht erhalten. Denn der iberische Gebetseifer lähmte gerade den wahren apostolischen Elan, wie solide Beobachter feststellten. Es war ein Glück für den Orden, daß in dieser Krise ein Mann wie Nadal während Jahren als Visitator und Generalkommissar in Spanien und Portugal wirkte und in geistlichen Konferenzen und praktischen Entscheiden die iberischen Ordensprovinzen wieder auf den rechten Kurs zu bringen suchte. Ganz ist es ihm freilich nicht gelungen.

Die Tendenzen zu längerem Beten griffen auch auf die Generalkongregation, die oberste Legislative des Ordens, über. Die erste derartige Versammlung, die in Diego Laínez den Nachfolger des Ignatius wählte und den Ordenssatzungen Rechtskraft gab, widersetzte sich einer ausweitenden Reglementierung des Gebetes noch entschieden und verwies auf die Grundsätze der Konstitutionen. Auch die zweite Generalkongregation wollte in dieser Sache nichts allgemein vorschreiben, sondern überließ die Sorge dafür in einer gewissen Nachgiebigkeit dem zum Generalobern gewählten Franz Borja. Unter seinem Generalat wurde eine volle Stunde «Morgengebet» obligatorisch für alle Mitglieder des Ordens, neben anderen ebenfalls allgemein vorgeschriebenen geistlichen Übungen. Hat die Mehrheit der zweiten Jesuitengeneration Ignatius und sein «Gott suchen in allen Dingen» nicht mehr verstanden? Zum mindesten hat sie in diesem Weg nicht mehr die zentrale geistliche Übung des Ordens gesehen. Ein Grund dafür lag auch in der Tatsache, daß beim raschen Wachsen des Ordens auf die geistliche Schule der Exerzitien nicht mehr die notwendige Sorgfalt verwendet wurde, wie Visitationsberichte des Nadal zeigen.

Interessant ist in diesem Zusammenhang eine Stellungnahme der portugiesischen Provinzkongregation von 1572, an der noch einzelne Männer wie P. Luis Gonçalves da Câmara und Miguel Torres, die einst von Ignatius geformt worden waren, teilnahmen. Von dieser Versammlung wurde offiziell zuhanden der Generalkongregation festgestellt: Das Gebetsleben in der Gesellschaft Jesu habe wesentlich Schaden gelitten. Man räume ihm zwar nicht weniger Zeit ein (das Gegenteil war ja der Fall). Der Mangel zeige sich vielmehr in der Abnahme des apostolischen Eifers, der doch die wichtigste Frucht des Gebetes sein sollte. Dann werden drei entscheidende Heilmittel genannt: Abtötung und Selbstverleugnung, die offen machen für das Wirken des Heiligen Geistes in den Menschenherzen, größere Sorge für die fundamentale geistliche Schule der Exerzitien und schließlich das «Gott suchen in allen Dingen», diese «ureigene Gebetsweise» des Ordens, wie das Dokument eigens festhält. Ein Erfolg bleibt ihm aber versagt. Statt dessen schreitet die Reglementierung voran.

Zum Schluß dieses Kapitels wollen noch zwei Briefe des Ignatius zeigen, wie das «Gott suchen in allen Dingen» mitten in der Arbeit geübt und dadurch die Arbeit zum Gebet gemacht werden kann.

Am Heiligen Abend, 24. Dezember 1553, schrieb er an den Niederländer Kaspar Berze, den tüchtigen Mitarbeiter Franz Xavers und stellvertretenden Obern der indischen Mission – sicher auch für die Leitung der Mitbrüder: «Da das dortige Klima noch weniger zu Betrachtungen geeignet ist als das hiesige, ist um so weniger Grund, die Gebetszeit auszudehnen. Wohl aber können wir in unseren Arbeiten und Studien gelegentlich den Geist zu Gott erheben, und wenn wir alles auf den göttlichen Dienst hinlenken, so ist alles Gebet. Von dieser Überzeugung müssen alle in der Gesellschaft durchdrungen sein, weil ihnen die Betätigung der Liebe nicht die Zeit zu langem Beten läßt; sie haben deshalb keinen Grund zu glauben, hierin Gott weniger wohlgefällig zu sein, als wenn sie beten.»[221]

Ähnlich tönt ein Brief des Ignatius vom 31. Januar 1552 an P. Manuel Godinho, den Verwalter des Kollegs von Coimbra, der keineswegs von den portugiesischen «Gebetssehnsüchten» infiziert war, aber unter der Last der täglichen Arbeit stöhnte: «Ihren Brief, teuerster Bruder in unserem Herrn, habe ich erhalten... Die Verwaltung zeitlicher Angelegenheiten mag zwar einigermaßen eine zerstreuende Beschäftigung scheinen und es auch sein; allein ich zweifle nicht, daß Ihre heilige Absicht und die Hinlenkung all Ihrer Arbeiten auf die Ehre Gottes dieselbe zu etwas Geistlichem macht und seiner unendlichen Güte höchst wohlgefällig ist. Denn die Zerstreuungen, die man für Gottes größeren Dienst in Übereinstimmung mit seinem Willen nach der Weisung des Gehorsams auf sich nimmt, können nicht nur der Einigung und Sammlung beständiger Beschauung gleichwertig, sondern ihm noch wohlgefälliger sein, insofern sie aus einer noch feurigeren und stärkeren Liebe kommen. – Wolle Gott, unser Schöpfer und Herr, diese fortwährend in Ihrer Seele und in allen anderen erhalten und vermehren! Dann werden wir mit gutem Grund jede beliebige Arbeit, in der sie sich zu Gottes Ehre auswirkt, für ungemein heilig und uns angemessen halten, um so mehr, wenn die sichere Norm des Gehorsams gegen unsere Obern solche auferlegt. Den doppelten Geist [für Gebet und Arbeit], den wir nach Ihrem Wort brauchen, möge Ihnen derjenige in reichem Maß geben, der ihn Elisäus gab. Ich werde nicht versäumen, dies für Sie zu wünschen und von Gottes Barmherzigkeit zu erflehen.»[222]

In den zitierten Briefen kommt noch einmal die ganze Lehre des Ignatius vom «Gott suchen in allen Dingen» zum Klingen. Für Ignatius ist der Jesuit ein Mann der unermüdlichen Arbeit, die ihn ganz in Beschlag nimmt. Diese Arbeit, im Gehorsam und im Geist des Dienstes für Gott geleistet, kann und soll er zu seinem eigentlichen Gebet machen. Die formellen Gebetsübungen wollen ihm dazu Hilfe sein, um den Geist des Glaubens, der Liebe und des Dienstes wachzuhalten. Die Gottvereinigung in aller Vielfalt der Arbeit, die ihm selber geschenkt war, soll im Jünger ein getreues Nachbild finden. Was bei ihm selber Gabe der Mystik war, erhofft er sich für die Seinen aus der Gnade ihres Berufes.

Ein Wort aus der Umgebung des Ignatius faßt seine Lehre in einem kurzen Satz zusammen: «Er [Ignatius] wollte nicht, daß die Mitglieder der Gesellschaft Gott nur im Gebet finden, sondern in allen Arbeiten, weil auch das Arbeiten ein Gebet ist.»[223]

Eine zweite Stimme: Jerónimo Nadal

Des öfteren ist bisher neben Ignatius auch P. Jerónimo Nadal genannt worden. Je mehr die Geschichte der jungen Gesellschaft Jesu von den Quellen her aufgeschlossen wird, desto stärker tritt seine Gestalt in den Vordergrund. Sicher bleibt immer Ignatius der wahre Inspirator und geistliche Meister mit seiner unvertauschbaren Autorität, die nicht so sehr in dem ihm übertragenen Amt, als vielmehr in seiner Persönlichkeit und der ihm geschenkten Gnade ihr eigentliches Fundament hat. Nadal aber ist für die innere, sowohl organisatorische wie spirituelle Gestaltung des Ordens der zweite Mann und die «rechte Hand» des Stifters gewesen. Man hat ihn gar, sicher übertrieben, den zweiten Gründer der Gesellschaft genannt. Keiner der «Padres fundadores» aus dem ursprünglichen Freundeskreis des Ignatius kommt ihm gleich an Bedeutung für die innere Entwicklung des Ordens, auch nicht Diego Laínez, der erste Amtsnachfolger des Ignatius – die einzigartige missionarische Pioniertat des Franz Xaver aber liegt auf dem Feld der Außenarbeit. Noch der vierte Generalaobere, der nüchterne Eberhard Merkurian, nach dessen Wahl Nadal (wie Polanco) aus allen Ordensämtern entfernt wird, attestiert ihm «höchste Verdienste für die ganze Gesellschaft».[224] Polanco, mit dem er durch fast drei Jahrzehnte in enger Zusammenarbeit steht, bezeichnet ihn als «den besten Kenner des Instituts» der Gesellschaft Jesu.[225] Und Michael Nicolau, der kompetenteste Erforscher Nadals in unserer Zeit, gibt ihm den Ehrentitel «Theologus Spiritualitatis Ignatianae» – Theologe der ignatianischen Spiritualität.[226]

Seit Ignatius 1552 Nadal als seinen Vertrauensmann mit der Einführung der Ordenssatzungen in den europäischen Provinzen beauftragt hat, steht er während mehr als zwanzig Jahren, also auch unter Laínez und Borja, den beiden Nachfolgern des Ignatius, in höchsten Dienstämtern des Ordens als Visitator, Generalkommissar, Generalassistent und mehrmals als Generalvikar. Er bewährt sich darin nicht nur als kluger Organisator, der klare Strukturen schafft, damit der unheimlich rasch wachsende Orden nicht ins Chaos ausartet. Noch bedeutsamer ist seine Rolle als geistlicher Lehrer, wozu ihm vor allem die vielen Konferenzen, die er den Mitbrüdern auf seinen Visitationen in ganz Europa hält, Gelegenheit geben. Seine Lehre ist aus den Exerzitien gewachsen und wird genährt durch ein reiches persönliches Gebet, für das sein geistliches Merkbuch der «Orationis observationes» (Beobachtungen beim Gebet) zeugt. Er ist auf seine persönliche Weise, aber in voller Treue zum Erbgut des Ignatius, ein Nachbild von dessen «Mystik des Dienstes».
Nicht umsonst hat Ignatius, der eine feine Witterung für den Wert von Menschen besaß, schon in Paris den jungen Nadal für seinen Freundeskreis zu gewinnen gesucht. Im «Chronicon» berichtet dieser selber von der «konzertierten Aktion», an der sich Ignatius selber beteiligt und in der er Laínez, Faber und den Beichtvater Miona einsetzt. Doch ohne Erfolg. Nadal verteidigt sich mit dem Neuen Testament in der Hand gegen alle Werbung: «Ich will diesem Buch Gefolgschaft leisten. Wohin euer Weg führt, weiß ich nicht. Sprich mir nicht mehr von diesen Dingen und laß mich fortan in Ruhe!» Ignatius ist ihm verdächtig, denn eben läuft wieder ein Verfahren der Inquisition gegen ihn.

Nadal schließt 1536 seine Studien in Paris ab, vertieft in Avignon seine Bibel- und Hebräischkenntnisse, wird am 20. April 1538 zum Priester geweiht und macht im nächsten Monat sein theologisches Doktorat. Dann kehrt er in die Heimat nach Mallorca zurück, widmet sich exegetischen Vorlesungen und dient in der Seelsorge. Es ist für ihn eine Zeit der «Melancholie, immer in den Händen von Ärzten mit ihren Medikamenten», verbunden mit manchen Mißerfolgen in der Arbeit. «Ich suchte Ruhe, aber sie floh mich, weil ich selber vor dem Ruf Gottes geflohen war.»
Durch einen Freund erhält er Mitte 1545 die Abschrift eines Briefes seines Pariser Studiengefährten Franz Xaver mit Berichten über die Missionsarbeit in Indien und einem flammenden Appell an die Universitätsjugend Europas. «Ich erwachte wie aus einem langen Schlaf und in heftiger Erschütterung erinnerte ich mich an Ignatius... Klar erkannte ich Gottes Gnade und faßte den Entschluß, nach Rom zu gehen.» Am 10. Oktober 1545 kommt er dort an. Unter Leitung seines Landsmannes Jerónimo Domenech, der einst von Peter Faber durch die Exerzitien für die Gesellschaft Jesu gewonnen worden ist, macht er die Geistlichen Übungen. Eine letzte Krise bringt der Wahlprozeß. Dann besiegelt er am 23. November durch ein Gelübde den Entschluß zum Eintritt in den Orden. Ignatius nimmt ihn während der nächsten zwei Jahre in eine strenge, aber fruchtbare Schule. Dann schickt er ihn 1548 als Obern einer zehnköpfigen Gruppe, zu der auch der junge Petrus Canisius zählt, nach Messina, um dort Kolleg und Universität aufzubauen, die erste Pioniertat des Ordens im Schulwesen. Die vier Jahre in Sizilien bereiten ihn für kommende größere Aufgaben vor.[227]

Durch die Schule der Exerzitien und im vertrauten Umgang mit Ignatius ist Nadal tief in dessen Geist hineingewachsen und zu einem authentischen Sprecher und Deuter der ignatianischen Spiritualität geworden. Das Anliegen, das ihn auf den vielen Visitationen der Ordensprovinzen bewegt, hat er einmal in Alcalá vor den Mitbrüdern ausgesprochen: «Erneuerung und Verlebendigung des Geistes und der Gnade, die wir von Gott empfangen haben.»

Im Zentrum seiner Unterweisungen stehen immer die Förderung der universalen apostolischen Dienstverpflichtung des Ordens und die damit untrennbar verbundene Gebetsweise des «Gott suchen in allen Dingen». In dieser zur Identität gewordenen Einheit von Gebet und Arbeit sieht er die spezifische Gnade des Ordens: «Wir müssen festhalten, daß die Gesellschaft Jesu die Gnade eines ihr eigenen Gebetes erhalten hat, die nicht allen gemeinsam ist. Sie muß sich deshalb dem Gebet und dem Anruf des Heiligen Geistes hingeben, um daraus den unlöschbaren Durst zur Hilfe am Nächsten zu schöpfen.»[228] Im Anschluß an dieses Wort nennt er eine Fülle konkreter Gebetsformen. Das Spezifische daran sieht er aber in der ganzen Ausrichtung des Betens auf das Apostolat. Das ist für ihn das entscheidende Motiv und Kriterium allen Betens. So sagt er in einer Konferenz über die Lebensweise der Gesellschaft Jesu: «Es ist ihr die Fähigkeit gegeben, Gebet und Gott in allen Dingen zu finden – durch Vermittlung seiner göttlichen Güte und Hilfe.»[229]

Weil Nadal selber seit dem denkwürdigen November 1545 ganz aus den Exerzitien lebt, wird er auch nicht müde, seine Mitbrüder immer wieder auf diese unversiegliche Quelle des Gebetes und der Arbeit hinzuweisen. «Die Gesellschaft Jesu lehrt das Gebet vor allem durch die Geistlichen Übungen, denen Gott unser Herr, wie wir sehen, so große Wirkungen zur größeren Ehre und zum Lob seiner göttlichen Majestät verliehen hat.»[230] In der gleichen Konferenz kommt er noch einmal auf dieses Thema zurück: «Eine ganz besondere innere Liebe müssen wir zu den Exerzitien haben und uns ganz von ihnen leiten lassen. Denn auf diesem Weg kam unser Vater Ignatius zur Höhe seiner Beschauung und seines Gebetslebens, durch sie hat Gott so gewaltige Dinge in ihm gewirkt.»[231]

Im folgenden Text verweist Nadal auf den Prozeß der Vier Wochen und deren Ausstrahlung in den Alltag: «Daß das Gebet in einem religiösen Institut einen wichtigen und wesentlichen Platz einnimmt, ist klar. Ich spreche von jenem Gebet, von dem Paulus sagt: ‹Orabo spiritu, orabo et mente› [ich will im Geist und im Herzen beten], das alle Gebiete der geistlichen Tätigkeiten in sich schließt, sie läutert, durchleuchtet und zur Einheit führt. Mit Eifer und großem Verlangen erstrebt die Gesellschaft diese Dinge in der Süßigkeit des Geistes, in Christus Jesus. Jedes ihrer Glieder übt sich zuerst in jener Betrachtungsweise, die zur Buße führt; dann übt es sich in der Beschauung aller Geheimnisse Christi, aus denen wir das Verständnis für den ‹Weg, die Wahrheit und das Leben› erlangen wollen. So ist das, was Ausgangspunkt des Betens war, nämlich die Liebe, jene höchste und göttliche Tugend, auch dessen Ziel. Aber vom Gebet, von seiner Innigkeit und seinem Eifer gehen wir mit frohem Mut und demütigem Herzen, in der milden Kraft Jesu Christi, hinaus an die Arbeit. Das alles schöpfen wir uns aus unserem Buch der Exerzitien.»[232]

Der von Nadal so oft wiederholte Hinweis auf die Exerzitien will ein Zweifaches sagen: In ihrer Schule lernt der Jesuit, «in der süßen Kraft Jesu Christi hinauszugehen an die Arbeit», und durch diese Schule wird er befähigt, im Geist der Schlußbetrachtung «Gott in allen Dingen zu finden». Wegen dieser fundamentalen Bedeutung der Exerzitien erkundigt sich Nadal bei seinen Visitationen, ob und wie die Mitbrüder sie gemacht haben. Dabei entdeckt er, wie viele überhaupt noch nicht oder doch nur lückenhaft durch diese geistliche Schule gegangen sind, und drängt immer wieder darauf, sie wenigstens jetzt nachzuholen.

Für Nadal ist das «Gott suchen in allen Dingen» die wichtigste bleibende Frucht der Exerzitien – eins mit der Diensthingabe für Christus im Apostolat. «Hat man die Exerzitien einmal gemacht, so muß das Gebetsleben gepflegt, erhalten und gesteigert werden durch die Beharrlichkeit im Gebet und in der Arbeit unseres Berufes.»[233] Gebet und Arbeit sind gemeinsam das eine geistliche Tun, «das Gebetsleben wird gepflegt in der Arbeit». Das wird nach ihm die wesentliche Frucht der Geistlichen Übungen sein: «Schließlich muß man in allen Dingen Gott unseren Herrn finden und seine eigene Art zu beten.» Immer wieder kommt er auf diesen Punkt zu sprechen: «Gott suchen in allen Dingen» ist die Gebetsweise, die ganz besonders der apostolischen Berufung der Gesellschaft Jesu entspricht: «Wir müssen, wie P. Ignatius lehrt, ganz große Sorge tragen, Gott in allem zu finden: darin werden wir höchste Ruhe und Tröstung finden.» Oder mit einem anderen Wort: «Alle mögen sich im Herrn bemühen, Gott zu finden in all ihren apostolischen Diensten und in allen Arbeiten, indem sie einzig auf dem Weg des Geistes voranschreiten und es sich zur Gewohnheit machen, Geist und Andacht in allen Dingen zu verwirklichen.» Er faßt seine ganze Lehre in den Satz zusammen: «Kurz: Die Gesellschaft sucht in allen Dingen den Geist des Gebetes wachzuhalten und Gott zu finden in Andacht.»[233a]

Besonders bei der ersten Visitation in Spanien 1553/54 muß er sich sehr ernst mit der Frage der Gebetszeit auseinandersetzen. Er verweist in dieser Diskussion auf das Noviziat, in dem die Scholastiker «durch lange Experimente und Prüfungen gegangen sind», und erwartet deshalb, daß sie darin den echten Gebetsgeist gefunden haben; darum sei eher zu fürchten, daß die Studien unter dem Gebetseifer leiden könnten. Mit drei Gründen weist er dann seinen Zuhörern nach, daß in diesen Jahren der Studien eine kurze Zeit des Gebetes vollauf genüge:

«1. Die Ausrichtung der Studien auf das Ziel des apostolischen Dienstes macht diese zum Gebet, weil sie darin den Willen Gottes erfüllen.

2. Ist das Leben in Gottes Gegenwart, das sie in allem üben können, nicht ein ständiges Gebet?

3. Der Gehorsam, mit dem sie sich den Studien hingeben, wird zu einem Gott äußerst wohlgefälligen Gebet und Opfer.»[234]

Mit diesen drei Punkten umschreibt Nadal, was er im Sinn und Geist des Ignatius unter «Gott suchen in allen Dingen» versteht. Er wird nicht müde zu wiederholen: «Wenn die ganze Zeit des Studiums von einer geistlichen Haltung geleitet wird, kann sie ganz als Gebet angerechnet werden.»[235]

Wenn Nadal auch wegen der besonderen Situation in Spanien und Portugal reglementierend in das Gebetsleben eingreifen muß, steht er grundsätzlich doch ganz auf der Linie der ignatianischen «discreción», wie sie in den Satzungen gerade für das geistliche Leben festgehalten ist. So schreibt er einmal: «Die Obern und geistlichen Führer sollen von jener Mäßigung Gebrauch machen, die unserem Vater Ignatius so vertraut gewesen und die der Gesellschaft eigen ist, nämlich: wenn sie im Herrn glauben, daß einer im Gebetsleben in gutem Geist vorangeht, so sollen sie ihm nichts vorschreiben und ihn nicht zurückhalten, sondern ihn vielmehr nachdrücklich und liebevoll ermuntern und anfeuern, daß er weitere Fortschritte im Herrn macht. Wenn ein anderer entweder keine Fortschritte macht oder nicht richtig vorangeht oder sich von Täuschungen leiten läßt, so soll man sich bemühen, ihn auf den rechten Weg des Gebetes zurückzuführen.»[236]

Wie in einem ständig wiederholten Kehrvers weist Nadal die Mitbrüder auf die Eigenart des Gebetes in der Gesellschaft Jesu hin: Alles Beten muß hindrängen zum apostolischen Dienst und sich darin ausweiten. Auch das hat er bei Ignatius gelernt und zur Grundrichtung des eigenen Lebens und zu einem Hauptthema seiner geistlichen Unterweisungen gemacht: «Ich erinnere mich, daß mich der Vater Ignatius in der ersten Zeit nach meinem Eintritt in die Gesellschaft ermunterte, mich der Predigt und dem Dienst am Nächsten zu widmen. Ich entschuldigte mich mit meiner Unfähigkeit, die von meinen Sünden und meiner Armseligkeit herrühre. Der Vater antwortete mir: Gerade auf diese Weise, indem Sie das Heil des Nächsten suchen, werden Sie geistliche Fortschritte machen.»[237]

Darum warnt Nadal die Mitbrüder vor einer Gebetsweise, die zu Einsamkeit hinneigt, und er zeigt ihnen, daß das der Gesellschaft Jesu eigene Gebet zum Ausüben des apostolischen Dienstes drängt: «Gebet und Betrachtung, wie sie in der Gesellschaft geübt werden, müssen also jedem aus uns Kraft und Mut geben, daß er sich ganz auf die Arbeiten verlege, die die Gesellschaft unternimmt und die ja alle gleicher Art sind: Predigen, die Schrift erklären, Christenlehre halten, Exerzitien geben, Beichte hören, das heilige Sakrament spenden und andere gute Werke ausüben. In diesen Werken allen

müssen wir Gott finden in Frieden und Ruhe, in einer inneren Hingabe des ganzen Menschen, in Licht und innerer Heiterkeit, mit zufriedenem Herzen, in der Glut der Liebe zu Gott. Und dies alles sollen wir suchen in allen anderen Arbeiten, selbst wenn diese auch äußerlich sind.»[238]
Noch betonter sagt er es in diesem Wort: «Alle müssen sich, wenn sie den Weg des Gebetes und des geistlichen Lebens gehen, im Herrn bemühen, Gott in allen ihren Aufgaben und Arbeiten zu finden. Eine Neigung und eine Liebe zum Gebet, die dazu drängt, Zurückgezogenheit und Einsamkeit zu suchen, scheint nicht das Rechte für die Gesellschaft zu sein. Was für uns paßt, ist ein Gebet, das zu den Aufgaben und Arbeiten unseres Berufes drängt – und besonders zum vollkommenen Gehorsam, den unser Institut fordert.»[239] Das ist an die Adresse der spanischen Hartschädel gesagt, die die Einsamkeit groß und dafür den Gehorsam klein schrieben.
Immer wieder kommt Nadal auf diese spezifische Note des Gebetes zu sprechen: Es drängt zur apostolischen Arbeit und vollendet sich in ihr. «Es ist ein Merkmal des Gebetes in der Gesellschaft, daß es sich auch auf das mündliche Gebet erstreckt und weitergeht in der Verrichtung der Arbeiten der Gesellschaft. So soll, soweit dies mit der Gnade Christi möglich ist, die lichte Klarheit im Verstand, die gute Verfassung des Willens, die Vereinigung mit Gott in uns bleiben, soll unser Arbeiten begleiten und lenken, daß wir in allem Gott unseren Herrn finden.»[240]
Das ist bei Nadal nicht nur Theorie für die anderen, sondern ganz persönliches Bemühen. Darum notiert er in sein geistliches Merkbuch: «Ich will nicht, daß du bloß ein geistlicher und andächtiger Mensch bist, wenn du die Messe feierst oder dich dem Gebet widmest. Vielmehr sollst du auch ein an-

dächtiger und geistlicher Mensch sein in der Arbeit, damit die ganze Kraft des Geistes und der Gnade in den Werken zum Leuchten kommt.»[241]

Nadal sieht die Einheit von Gebet und Arbeit im Sinn des «Gott suchen in allen Dingen» noch tiefer: Nicht nur das Gebet soll die Arbeit befruchten, sondern die Arbeit läßt auch das Gebet zu immer größerer Tiefe und Fruchtbarkeit wachsen: «So also muß unser Gebetsleben sein: daß es all unser Wirken leite, mehre, ihm innere Gottesfreude und Kraft gebe im Herrn. Unser Arbeiten aber soll das Beten wachsen lassen, ihm Kraft und heilige Frömmigkeit verleihen. Wenn so Marta und Maria eins sind und sich helfen, dann wird nicht nur eine Seite des christlichen Lebens in uns Wirklichkeit werden, auch nicht nur die edlere, das heißt das beschauliche Leben, sondern Maria läßt all die Kümmernisse und Sorgen still werden, hilft der Marta und ist mit ihr vereint in unserem Herrn.»[242]

Nadal greift hier zurück auf das biblische Bild der beiden Frauen von Betanien (Lk 10,38–42) und auf eine traditionelle Ausdeutung, die in Maria das kontemplative, in Marta das aktive Leben sehen will. In seiner eigenen Anwendung wird Marta der «Kümmernis um die vielen Dinge» ledig, weil Maria ihr hilft, aus allem den einen Dienst für den Herrn zu machen: Marta und Maria, Arbeit und Gebet sind eins geworden. Gebet fördert die Arbeit, Arbeit fördert das Gebet.

Für dieses gegenseitige Zusammenspiel von Gebet und Arbeit braucht Nadal gern das Bild vom Kreislauf (circulus): «Das nenne ich den Kreislauf allen Tuns in der Gesellschaft. Wenn Sie sich dem Nächsten und dem Dienst Gottes in den apostolischen Werken oder irgendwelchen anderen Arbeiten widmen, wird Gott Ihnen um so wirksamer helfen in Ihrem Ge-

bet. Und diese wirksamere Hilfe Gottes wird Ihnen auf ihre Weise wieder helfen, sich mit mehr Mut und geistlichem Nutzen dem Dienst am Nächsten hinzugeben.»[243]
Der Kreis wird zur immer höher steigenden Spirale: «Unser Streben nach Vollkommenheit vollzieht sich in einer Art Kreislauf: Wir suchen nach der Vollkommenheit in unserem Gebet und den anderen geistlichen Übungen, um daraus unserem Nächsten zu helfen. Durch jene Hilfe am Nächsten gelangen wir immer mehr zum vollkommenen Beten, um dann wiederum unsere Hilfe am Nächsten noch besser zu leisten.»[244] In der gegenseitigen Durchdringung wachsen Gebet und Arbeit zu immer dichterer Einheit zusammen.
Der innerste und wirksamste Grund dieser Einheit von Gebet und Arbeit ist für Nadal stets Jesus Christus. Seine häufigen Hinweise auf die Vision von La Storta als Gnade für den ganzen Orden wollen auch in diesem Zusammenhang gesehen werden. Sehr eindringlich sagt er seinen Mitbrüdern: «Wir sind also Gefolgsleute Jesu Christi, gerufen von seiner erleuchtenden Gnade und höchsten Güte. Wir stehen in der Nachfolge Jesu, der sich abmüht und Dienst leistet und sein Kreuz trägt in seinem mystischen Leib, der die Kirche ist. So müssen wir ergänzen, was von den Leiden Christi noch aussteht. Kein anderes Wollen soll in unserem sterblichen Leben noch Platz finden, als was Jesus Christus gewollt hat. Unser Los ist es, arm, ehelos, gehorsam, demütig zu sein und seinetwegen Schmähung, Unrecht und Verleumdung zu ertragen; alles Denken, Handeln und Leiden wollen wir auf den Dienst am Heil der Menschen ausrichten. Zu großem Werk hat uns Jesus Christus gerufen in einem großen und wegweisenden Zeichen. Laßt uns ihm folgen mit hohem Mut, in starkem Glauben und mit einem demütigen Herzen – im Geist und in der Wahrheit Christi.»[244a]

«Dem kreuztragenden Christus zugesellt sein» bedeutet auch für Nadal, mit Christus dem Vater Dienst leisten für die Menschen in der Mitarbeit am Heilswerk. In seinem geistlichen Merkbuch sagt er sich selber: «Sei wachsam, um die Einheit mit Christus und seiner Kraft als Gnade des Geistes unseres Herrn zu empfangen und zu verwirklichen. Du mußt deshalb im Geiste verspüren, daß du erkennst mit seinem Verstand, willst mit seinem Wollen, dich erinnerst mit seinem Gedächtnis, daß du ganz bist, lebst, handelst nicht mehr in dir, sondern in Christus.»[245]

Bei den geistlichen Unterweisungen braucht Nadal im gleichen Sinn oft die Kurzformel «Operari in Domino» – im Herrn wirken, in seiner Gnade und seiner Gesinnung. Ebenso liebt er die andere Formel für die Einheit von Gebet und Arbeit: «Spiritu, corde, practice», das heißt: sich tragen und erfüllen lassen vom Wirken des Heiligen Geistes; den Geist wirken lassen und mit ihm mitwirken in der Tiefe des Herzens; Gnade und eigene geistliche Erfahrung zur Tat werden lassen.

So wird der Kreislauf von Gebet und Arbeit zum Kreislauf von Gottes- und Nächstenliebe und darin zum Abbild jenes Kreises, der in Jesus Christus die Hingabe an den Vater und die Hingabe an die Menschen eins werden läßt: «Man muß es oft bedenken, daß das aktive und das kontemplative Leben gemeinsam ihren Weg gehen müssen. So bewirkt besonders die lange Probezeit, daß das aktive Leben zu einer gewissen Vollendung kommt und dann doch das kontemplative Leben herrscht, lenkt und leitet in Ruhe und Licht in unserem Herrn. So reift ein ‹höheres aktives Leben› heran, in dem Handeln und Beschauung eins geworden sind, das die Kraft hat, beide überall auszuwirken, wie es dem größeren Dienst unseres Herrn entspricht. Mit einem Wort: das Wirken der

Liebe, die ganz eins ist mit Gott, das ist das vollendete Tun.»[246]

Nadal ist nie müde geworden, seine Mitbrüder auf das «Gott suchen in allen Dingen» als zentrales Motiv der geistlichen Schule des Ignatius und auf seine Quelle in den Exerzitien hinzuweisen. Darüber hinaus hat er diesen geistlichen Weg tiefer ausgedeutet, indem er ständig den ganz apostolischen Charakter allen Betens unterstrichen und auf die innere Einheit von Gebet und Arbeit aufmerksam gemacht hat. In der Reflexion auf die Einheit von Gebet und Arbeit und deren gegenseitige Bereicherung liegt das Eigengut Nadals für Lehre und Praxis des «Gott suchen in allen Dingen». In der ersten Gesellschaft Jesu hat niemand diese geistliche Methode so häufig und so intensiv gelehrt wie Nadal. An Zahl der Zeugnisse im überlieferten Schrifttum übertrifft er sogar seinen Meister Ignatius. Freilich: alles, was er lehrt, hat er grundlegend von ihm erhalten. Er hat es als sein Werkzeug und Sprachrohr weitergegeben, wozu ihm die vielen Jahre der Tätigkeit als Visitator eine einzigartige Gelegenheit boten. In dieser Weitergabe ist Nadal aber nicht eine tote Schallplatte, sondern ein lebendiges Werkzeug, das die Grundidee des Ignatius eigenständig weiterentwickelt, ohne den Meister zu verfälschen.

Jerónimo Nadal hat sich nicht nur um die erste Gesellschaft Jesu verdient gemacht, wie ihm General Merkurian bezeugt. Er ist auch heute noch, weit über den eigenen Orden hinaus, ein theologischer Deuter ignatianischer Spiritualität und der beste Interpret des «Gott suchen in allen Dingen». P. M. Nicolau hat nicht übertrieben, wenn er Nadal den Ehrentitel «Theologe der ignatianischen Spiritualität» gegeben hat.

Viertes Kapitel

VIER STUFEN DES EINEN WEGES

In ungezählten Variationen ist bisher vom «Gott suchen in allen Dingen» die Rede gewesen. In dieser Formel verdichtet sich die Mystik des Dienstes, die das Leben des Ignatius von Loyola prägt. Man könnte ihn direkt von daher definieren: Ignatius ist ein Mann, der sich, erleuchtet vom mystischen Licht, stets bemüht, in allen Dingen Gott zu suchen und zu finden. Diese Deutung steht nicht im Widerspruch zum anderen Grundwort, das sein Leben bestimmt: «den Seelen helfen». Denn die beiden Zielorientierungen sind zutiefst eins, wie Innen und Außen der gleichen Sache, Vorder- und Rückseite der gleichen Medaille: Er sucht und findet Gott vornehmlich im Dienst an den Menschen.

Was Ignatius aus der ihm geschenkten Gnade in treuer Hingabe lebt, gestaltet er, inspiriert vom Helferwillen, zu einer geistlichen Lehre für Menschen, die seinem Weg folgen. Sein Leben selber ist schon die Lehre, die er erst nachträglich noch in Worte faßt. Begonnen hat er mit dieser Lehre vom «Gott suchen in allen Dingen» bei den ersten apostolischen Versuchen in Spanien. Feste Wurzeln gefaßt hat sie dann in den «sechs Freunden im Herrn» der Pariser Studienzeit. Wohl in Paris hat Ignatius auch die Betrachtung über die Liebe in allen Dingen verfaßt. Später hat er dieses Ideal als geistliches Leitmotiv in das Grundgesetz seines Ordens eingeschrieben. In seinem durch Jahrhunderte weiterwirkenden Wort hat er ungezählten Menschen über die Ordensgrenzen hinaus einen

Weg zur Einheit von Glauben und Leben, von Gebet und Arbeit, von Weltdienst und Gottesdienst gezeigt und damit das «Gott suchen in allen Dingen» zur Mitte einer genuinen christlichen Laienspiritualität gemacht. So sprechen die «Allgemeinen Grundsätze der Gemeinschaften christlichen Lebens» von «Menschen, die... verlangen, die Einheit zu finden zwischen gesamtmenschlichen Leben und der Fülle christlichen Glaubens», um «Gott in allen Lebenslagen zu suchen und zu finden». Hinter der ungezählte Male repetierten Formel ist auch schon der von ihr gemeinte Gehalt angesprochen worden. Was bisher viele Texte wiederholt haben, will nun in systematischer Reflexion ausgedeutet werden: Was meint Ignatius mit dieser Grundformel seines Lebens und seiner Lehre? Was beinhaltet, wieder unter Befragung der Quellen, das Wort vom «Gott suchen in allen Dingen»?

Die Antwort ergibt sich aus vier einzelnen Elementen, die in untrennbarer Einheit das Ganze bilden. Im Gleichnis gesagt: Diese vier Elemente sind wie vier Stufen, die aufeinander ruhend die eine Treppe bilden. Oder wie vier Kreise, die um ein gemeinsames Zentrum liegen. Oder noch richtiger – da es sich um eine dynamische Formel handelt – wie eine Spirale, die vierfach gewunden zu ihrer Spitze emporstrebt.

Welt-Anschauung im Licht des Glaubens

Der erste Schritt geht auf der Ebene des Erkennens: Hier gilt es, «alle Dinge» zu sehen, zu verspüren und damit zu wägen und zu werten im Licht Gottes, von Gott her und auf Gott hin. Die Kraft aber, die zu solchem Sehen befähigt, ist der Glaube.

Bei Ignatius wirkt sich darin wieder das mystische Erlebnis vom Cardoner aus. Dort ist ihm in der großen und unverlierbaren Klarheit die Zusammenschau «aller Dinge» im dreifaltigen Gott geschenkt worden, der mystische Gesamtblick für alle Wirklichkeit der Welt. Das ist das Besondere an seiner trinitarischen Mystik: Er sieht alle Mysterien des Glaubens und alle geschaffenen Dinge in ihrem Ausgang vom dreifaltigen Gott her und in ihrer Heimkehr zu ihm. «Er weiß aus innerer Erfahrung um die Gottbezogenheit aller Kreatur. Er ist ‹hinter› die sichtbaren Dinge gekommen. Alle Geschöpfe sind ihm transparent geworden. ... Sein Denken ist von da an eine Theologie des Absteigens, geht vom Vater zur Kreatur, sieht in den geschaffenen Dingen, in der irdischen Schönheit, Weisheit, Gerechtigkeit immer nur den Abglanz dessen, was er in seiner mystischen ‹Unmittelbarkeit› schon in Gott selbst erfaßt hat.»[247]

Im schlicht großartigen Bild der Exerzitienbetrachtung von der Menschwerdung zeigt Ignatius «die drei göttlichen Personen, wie sie die ganze Erdoberfläche und das ganze Erdenrund überschauen und alle Völker sehen». Etwas von diesem göttlichen Blick ist ihm in der Mystik geschenkt worden.

Mit drei Worten kann die mystische Weltschau des Ignatius näher umschrieben werden. Das erste heißt «von oben»: Seine Betrachtung der Welt und aller Dinge geschieht immer von Gott, vom Ursprung und Ziel, her. Das zweite Kennwort heißt «Transparenz»: Die Dinge werden im mystischen Blick durchsichtig und zeigen sich in ihrem wahren Wesen, als Abbild göttlicher Schönheit, aber auch in ihrer Begrenztheit. Das dritte Kennwort hat der Ignatiusforscher P. de Le-

turia geprägt: Es ist der «synthetische Blick» für die Architektur der Schöpfung und aller Glaubensgeheimnisse.
Eine Nachschrift seiner Cardoner-Mystik hat Ignatius im «Fundament» und noch mehr in der Schlußbetrachtung der Exerzitien gegeben: Alle Dinge dieser Welt sind Gaben Gottes; in diesen Gaben sieht er die Gegenwart des Gebers; diese Gegenwart erspürt er als stetes Wirken; alles aber schaut er in seinem ständigen Ausgang «von oben».
In direkter Anspielung an diese Betrachtung empfiehlt Ignatius (durch Polanco) den Scholastikern von Coimbra: «Sie sollen sich darin üben, Gottes Gegenwart in allen Dingen zu suchen, z.B. im Verkehr, im Gehen, Schmecken, Hören, Denken, überhaupt in allem, was sie tun; ist ja doch Gottes Majestät in allen Dingen, durch seine Gegenwart, dem Wirken und dem Wesen nach.»[248]
An Franz Borja schreibt Ignatius: «Wenn Menschen sozusagen aus sich selbst ausgehen, um ganz in ihren Herrn und Schöpfer einzugehen, so werden sie in heiligem Trost und steter Sammlung inne, wie unser ewiges, höchstes Gut in allem wohnt, was da geschaffen ist, durch sein unendliches Sein und Wirken allen Dingen Dasein und Erhaltung spendend; und so glaube ich auch von Ihnen, daß Sie in vielen Dingen geistliche Erhebung finden: wer Gott aus ganzer Seele liebt, den fördert alles in der Andacht, so daß er immer mehr gewinnt und zu stets innigerer Liebeseinigung mit seinem Schöpfer und Herrn emporsteigt.»[249]
Nadal hat den gleichen Gedanken in den kurzen Satz gefaßt: «Wir müssen in den Geschöpfen das Wirken Gottes betrachten, wie dieses Wirken wahrhaft in Gott ist.»[250]
In seinem geistlichen Merkbuch hat er eine Reihe von Sätzen notiert, die anzeigen, wie sehr er sich selber bemüht, dieses Schauen der Dinge in Gott zu üben:

«Alles von Gott her sehen, beurteilen, in allem Tun sich vom Licht des Glaubens leiten lassen.»
«Gott ist in allen Kreaturen wie die Seele im Körper ... durch seine Macht, Gegenwart und Wesenheit.»
«Betrachte mit reinem Herzen Gott in den Spuren und im Spiegel der Geschöpfe. – Darin wirst du Gottes Macht, Gegenwart, Wesenheit und auch sein Wirken erspüren.»
«In den geschaffenen Dingen sollst du Gottes Kraft erspüren, denn er will aus seiner Kreatur erkannt, betrachtet, geliebt und angebetet werden.»
«Alles ist auf Gott zurückzuführen, was es immer an Sein und Wirken gibt. Und dabei ist zu beachten, wie alles in Gott ist und wirkt.»
«Bleibe bei keinem geschaffenen Ding stehen, ohne daß du von ihm zum Schöpfer vordringst.»
Gott ist aber nicht nur in den äußeren Dingen, sondern auch im eigenen Inneren zu finden:
«Suche Gott im innersten Wirken deines Herzens und in deiner Seele. Dort begegnest du ihm in einer süßen Einheit und milden Ruhe, mit einem gewissen unerklärlichen Gespür für seine unendliche Kraft und Macht.»
«Suche, bitte, fordere, klopfe an, damit du Gott findest in deinem Herzen; dort wirst du ihn auf eine äußerst milde und fruchtbare Weise finden und wirst ihn erkennen in der Liebe Christi.»[251]

Der Abstieg zur Welt

Das letzte Wort Nadals von der Liebe Christi zeigt den wahren Ort, an dem sich Gott in der Welt finden läßt. Denn die schaffende und heilwirkende Brücke vom dreifaltigen Gott zur Welt ist in der Mystik des Ignatius immer Jesus Christus, der «Schöpfer und Herr». Darum bedeutet für ihn das Finden Gottes in aller Kreatur präziser und unmittelbarer ein Finden aller Kreatur in Christus. Er ist die Mitte aller Schöpfung und ihrer Geschichte, von ihm her und auf ihn hin ist alles geworden. Er ist «der ewige Herr aller Dinge», wie die Betrachtung vom Ruf des Königs zeigt. Auf diese Christusmitte aller Kreatur weist auch Nadal immer wieder hin: «Da das Gebetsleben ein Teil des geistlichen Lebens in Christus Jesus ist, so müssen wir ihn, der da das ewige Licht und die unendliche Güte ist, kennenlernen und ihn lieben weit mehr als alles andere, das wir erkennen und lieben sollen in ihm.»[252]

Weil Jesus Christus in der konkreten Geschichte der Gekreuzigte ist, so sind auch alle Dinge im Licht des Kreuzes zu sehen, in seiner heilenden Kraft und darum im österlichen Licht der «neuen Schöpfung». So schreibt der ewigkeitsnahe Ignatius im Sommer 1556: «Wir müssen alle Kreatur betrachten, nicht wie sie in sich schön und liebenswert ist, sondern wie sie gebadet ist im Blute Christi, ein Bild Gottes, ein Tempel des Heiligen Geistes.»[253] In den Bemerkungen zur Liebesbetrachtung der Exerzitien sagt Karl Rahner, Ignatius interpretierend: «In allem und jedem kann Gott gefunden werden. Man kann mit ihm in die Welt absteigen, um damit ihm zu sterben. Man kann ihn im Lassen und im Nehmen finden, denn alle Dinge sollen durch das Kreuz, das zur Verklärung führt, und durch die Indifferenz, die im Grunde das Sterben Christi mitvollzieht, auf Gott transparent und bei ihm erlöst werden.»[254]

Den gekreuzigten und verherrlichten Christus findet Ignatius in der Kirche, wie ihm die Kirche immer transparent ist auf Christus hin, ihrem Haupt und Bräutigam. Sie ist der besondere Ort seiner Gegenwart und seines Wirkens. In der personalen Verdichtung des Kirchengeheimnisses sieht er Christus im Papst, den er mit Vorzug den «Vicarius Christi» nennt, weil der Träger des obersten Kirchenamtes ihm immer transparent ist auf Christus hin. In der Fortsetzung dieser inkarnatorischen Linie wird er in den Satzungen des Ordens und in Briefen an Mitbrüder ständig auf diese Repräsentation Christi im Obern hinweisen:

«Sie sollen im Obern Christus gleichsam gegenwärtig sehen und ihm alle geschuldete Ehrfurcht erweisen.« Im Gespür für das Absteigen aller Autorität von Christus her sagt er deshalb vom Generalobern: «Immer soll ihm, der die Stelle Christi unseres Herrn einnimmt, Gehorsam und Ehrfurcht erwiesen werden.»[255]

Im großen Brief über den Gehorsam vom 26. März 1553, den wohl Polanco geschrieben, Ignatius aber inspiriert und sanktioniert hat, heißt es: «Deshalb sollen wir niemals auf die Person sehen, der wir gehorchen, sondern in ihr auf Christus unseren Herrn, dem zuliebe wir den Gehorsam leisten. ... Daher möchte ich, daß Sie alle sich darum bemühen, in jedem beliebigen Obern Christus unsern Herrn zu sehen.»[256]

Wenn Ignatius den Obern immer wieder den Stellvertreter Christi nennt, dann versteht er sein Wort nicht nur im Sinn rechtlicher Autoritätsbegründung, sondern in der glaubenden Transparenz: Durch den Menschen hindurch schaut er Christus. «In den Vorgesetzten, die uns leiten, müssen wir stets die Person Christi schauen, dessen Stelle sie vertreten.» Von diesem frühen Wort aus den «Leitsätzen» für die Scholastiker von Alcalá, vermutlich schon 1541 geschrieben, gehen die Zeugnisse für solche Transparenz durch ungezählte Stellen in den Briefen bis zu den «Grundsätzen» vom Oktober 1555: «Ich soll nicht die Person in Anschlag bringen, ob der betreffende Obere mein höchster oder mittlerer oder niederster ist, sondern muß meinen ganzen frommen Eifer auf den Vollzug richten; den er vertritt die Stelle Gottes unseres Herrn.» Und dann folgt das kühne Wort, das nur aus dieser Quasi-Identifikation von Christus und Obern erträglich wird: «Überhaupt darf ich nicht mehr mir gehören, sondern meinem Schöpfer und dessen Stellvertreter.»[257]

Als Nadal in Spanien die Nachricht vom Tod des Ignatius erhielt, schrieb er ein Wort nieder, das diese Transparenz ausdrückt: «Es zeigte sich im Tod des P. Ignatius, an der Weise seines Sterbens, eine hohe Demut, da er sich völlig hintansetzte und von allen anderen vernachlässigt wurde. Dadurch wollte Christus zeigen, wen allein wir zum Führer hätten und wen wir allezeit als Führer haben sollten: Christus in unserem General.»[258]

Dieser Blick der Transparenz, der im Obern Christus sieht, weitet sich aus auf die Mitbrüder und von da auf jeden Menschen. Nachdem Ignatius in den Satzungen von der gegenseitigen Achtung und Ehrfurcht gesprochen hat, fährt er fort: «... damit sie, einander betrachtend, in der Hingabe wachsen und Gott unsern Herrn loben, den jeder im anderen als in seinem Abbild zu erkennen suche.»[259]

Darüber hinaus soll der ganze Alltag im Licht solcher Transparenz auf Christus hin gesehen und gelebt werden. Als Beispiel diene ein Wort, das Ignatius dem Exerzitanten in den «Regeln zur Ordnung beim Essen» in den Geistlichen Übungen gibt: «Während man ißt, soll man sich vorstellen, man schaue Christus unseren Herrn, wie er zusammen mit seinen Aposteln ißt.»[260]

Ignatius ist im eigenen Leben und in der daraus gefolgerten Lehre «ein Mensch, der von oben nach unten absteigend, aus dem ewigen Vater durch den gekreuzigten Jesus wieder in die innerste Mitte der ‹Dinge auf dem Rund der Erde› hineingetreten ist».[261]

Ignatius hat diesen umfassenden Blick «von oben» in das Geheimnis aller Dinge und für ihre Zusammenschau als mystisches Privileg geschenkt erhalten. Doch auch diesseits aller Mystik ist es im Glauben dem Menschen gegeben, alle Dinge im Licht Gottes zu erkennen und zu werten. Denn Glauben und mystische Erkenntnis unterscheiden sich nur graduell, nicht wesenhaft. In stetem Mühen um den alles durchleuchtenden Glauben, in der Lesung und Betrachtung der Heiligen Schrift, die ja auf allen Seiten die Gottbeziehung der Dinge und aller Geschichte zeigt, durch die Reinigung des Blicks von aller Unordnung und Oberflächlichkeit, im Bewerten aller Dinge mit dem Maß Gottes öffnet sich schrittweise der Weg der Transparenz. Es ist meistens ein Weg, der zunächst von unten nach oben aufsteigt. Dann aber, wenn man einmal durch den Glauben wahrhaft Gott in Christus Jesus gefunden hat, wird es möglich, die Welt von oben zu betrachten und zu beurteilen. Als fruchtbare Hilfe, um zu diesem umfassenden und alles durchleuchtenden Blick des Glaubens zu gelangen, bietet sich die regelmäßige Wiederholung der Betrachtung über die Liebe aus den Exerzitien an. Dann wird auch der Mensch des Glaubens erfahren, was der Mystiker Ignatius in einem frühen Brief geschrieben hat: «Wenn einer aus sich selbst ausgegangen ist und eingegangen in seinen Schöpfer und Herrn, indem er immer das vor Augen hält, immer das verspürt und sich immer darüber freut, wie unser Ewiges Gut in allem Geschaffenen ist, ihm Dasein und Erhaltung gibt durch seine gegenwärtige Unendlichkeit, so liegt darin, wie ich meine, ein Glück über alles andere. Denn denen, die unseren Herrn lieben, sind alle Dinge als Hilfen dargeboten, um näher zu kommen und in wachsender Liebe immer inniger eins zu werden mit ihrem Schöpfer und Herrn.»[262]
«Gott suchen in allen Dingen» heißt also im Sinn dieser er-

sten Stufe: Gott, der sich uns in Christus Jesus erschlossen hat, immer mehr zu erkennen in und aus allen Dingen und in aller Schöpfungs- und Heilsgeschichte das Gottesgeheimnis zu erspüren.

Auf der Suche nach dem Willen Gottes

Unerhört reiche und tiefe Erkenntnisse sind Ignatius in seiner Mystik geschenkt worden. Aber nie bleibt er beim Schauen stehen. Die Kontemplation ist für ihn nie ein Ziel, sondern immer nur Weg und Auftrag. Darum schreitet er stets weiter zur Tat, zur dienenden Hingabe an Gott und seinen heiligen Willen. Seine Mystik erfüllt sich ganz im Dienst vor Gott.

Da der göttliche Wille aber in der konkreten Stunde oft verborgen ist, muß er ihn zu erkennen suchen, bevor er ihn erfüllen kann. Darum hat man Ignatius mit viel Grund einen «Pilger des göttlichen Willens» genannt. Mit ebensoviel Grund wird seine Mystik in Unterscheidung zur reinen Kontemplation als «Mystik des Dienstes» gekennzeichnet: Von der trunkenen Schau des dreifaltigen Gottes geht die Linie konsequent zum hingebenden Dienst des «aiudar las animas», der apostolischen Hilfe für die Menschen. Dabei sind die mystischen Gnaden nicht nur Ausgangspunkt dieses Dienstes, sondern sie werden auch ganz in diesen Dienst eingesetzt und für ihn fruchtbar gemacht: Die Mystik wird in Dienst gestellt, wird selber zum Dienst. Darum heißt «Gott suchen in allen Dingen» nach der aus eigener Erfahrung gewonnenen Lehre des Ignatius präziser: In allen Stunden, in allen Situationen, vor allen fälligen Entscheidungen, den großen und kleinen, den Willen Gottes erkunden und erfragen, um dann im Maß der gewonnenen Erkenntnis diesen göttlichen Willen zu tun. So konkretisiert sich die Formel des Ignatius zum «Gott dienen in allen Dingen».

In den Geistlichen Übungen

In diese dauernde Suche nach dem Willen Gottes führen die Geistlichen Übungen ein mit ihrem zentralen Anliegen der «Wahl». Gleich ihr erstes Wort spricht es als Ziel aus: «den göttlichen Willen zu suchen und zu finden in der Ordnung des eigenen Lebens zum Heil der Seele».[263] Und die 15. Vorbemerkung zeigt den Weg: «... beim Suchen des göttlichen Willens [ist es] mehr angemessen und viel besser, daß der Schöpfer und Herr selber sich seiner ihm hingegebenen Seele mitteile.» Die Antwort auf das Suchen wird voll Vertrauen von Gott erwartet. Die Stille und Abgeschiedenheit, in der die Übungen sich vollziehen, schaffen den passenden Raum des Hörens, damit «man seine ganze Aufmerksamkeit auf eine einzige Sache verlege, nämlich seinem Schöpfer zu dienen». Das «Fundament» wird in den Satz zusammengefaßt: «Einzig das sollen wir ersehnen und erwählen, was uns mehr zum Ziel hinführt, auf das hin wir geschaffen sind, nämlich Gott zu dienen.» Auf dem Höhepunkt der Übungen darf nur die eine Frage den Übenden bewegen: «... in welchem Leben oder Stand seine göttliche Majestät sich meiner zu bedienen wünscht; ... um das zu ersehnen und zu erkennen, was seiner göttlichen Güte je mehr wohlgefällig ist», und deshalb ist die Gnade zu erbitten, «damit ich wähle, was je mehr zur Ehre seiner göttlichen Majestät gereicht».[264]
Der Wille Gottes ist darum die einzige Norm der Wahlentscheidung: «... einzig wollen oder nicht wollen, je nachdem

Gott unser Herr es ihrem Willen eingibt und es der betreffenden Person je besser erscheint zum Dienst und Lob seiner göttlichen Majestät», und noch einmal im gleichen Abschnitt: «... außer wenn einzig der Dienst Gottes unseres Herrn sie dazu bewegt, in der Weise, daß der Wunsch, je besser Gott unserem Herrn dienen zu können, sie bewegt.»[265]
Damit jede Eigenwilligkeit, die sich noch als Willen Gottes zu tarnen sucht, ausgeschlossen wird, sollen nicht nur die verschiedenen Anriebe in einer ehrlichen Unterscheidung der Geister geprüft werden, sondern der sich Übende soll beten um die Gnade «von Gott unserem Herrn, er wolle meinen Willen bewegen und mir das in die Seele legen, was ich in der vorgelegten Sache tun soll und was mehr zu seinem Lob und zu seiner Verherrlichung gereicht, indem ich gut und treu mit meinem Verstand überlege und dann seinem heiligsten und wohlgefälligen Willen entsprechend wähle».[266]
Der Exerzitant soll sich derart voll und ganz auf den Willen Gottes hin öffnen, daß auch die Art und Weise, wie ihm dieser Wille erschlossen wird, noch einmal in die Verfügung Gottes gelegt wird. Dementsprechend spricht das Exerzitienbuch von «drei Zeiten» – wir würden besser sagen «Weisen» –, in denen der Wille Gottes erkannt wird. Die höchste Weise der Wahl ist dann gegeben, «wenn Gott unser Herr den Willen so bewegt und an sich zieht, daß eine ihm ergebene Seele ohne zu zweifeln oder auch nur zweifeln zu können, dem folgt, was ihr gezeigt worden ist».
Wenn Gott nicht auf diese Weise wie in einem Damaskuserlebnis seinen Willen kundtut, soll er auf eine zweite Weise gesucht werden, nämlich «wenn man viel Klarheit und Einsicht hat aufgrund der Erfahrung in Tröstungen und Trostlosigkeiten sowie aufgrund der Erfahrung in der Unterscheidung der verschiedenen Geister».

Da es aber nicht in der Hand des Menschen liegt, diese «Zeiten» zu bestimmen, muß er, wenn Gott schweigt, sich mit den eigenen Kräften behelfen. So gibt er für diese «dritte Zeit» die Weisung: «Es erwägt einer zuerst, wozuhin der Mensch geboren ist, nämlich Gott unseren Herrn zu loben und seine Seele zu retten, und von solchem Wunsch beseelt, wählt er als Mittel ein Leben oder einen Stand innerhalb der von der Kirche gesetzten Grenzen, um im Dienst seines Herrn und im Wirken für das Heil seiner Seele gefördert zu werden.»[267]

Doch ist eine solche aus dem eigenen Überlegen gewonnene Entscheidung noch keine endgültige Wahl. Diese Vor-Entscheidung soll vielmehr mit viel Gebet Gott angeboten und dafür die göttliche «confirmación», seine Zustimmung (oder auch Ablehnung), erbeten werden: «Ist so die Wahl oder Entscheidung getroffen worden, so muß der, welcher sie getroffen hat, mit großem Eifer sich ins Gebet vor Gott unserem Herrn begeben und ihm diese Wahl darbringen, auf daß seine göttliche Majestät sie annehmen und bekräftigen wolle, sofern sie zu ihrem je größeren Dienst und Lobpreis gereicht.»[268]

Das klassische Beispiel für eine solche Wahl aufgrund eigener Überlegung hat Ignatius selber gegeben in der Armutsentscheidung von 1544. Die «Wahlzettel» vom Januar enthalten die eigenen Überlegungen mit ihrer Schlußfolgerung zur totalen Armut. In den anschließenden vierzig Tagen erfleht und erfährt er die göttliche Zustimmung. Erst jetzt ist seine Wahl mit dem entschiedenen «Finido» am 12. März abgeschlossen.

Das endgültige Ja zur Wahl in den Exerzitien, die sich auf eine dieser drei Weisen vollzieht, enthält das Gebet der Schlußbetrachtung: «Verfüge über mich nach deinem Willen.» In der Wahlgesinnung der Geistlichen Übungen sind fortan alle fälligen Entscheidungen des nun wieder anhebenden Alltags zu treffen. Auch darauf zielt das Gebet der Hingabe.

Durch Jesus Christus

In doppelter Weise steht Jesus Christus in der Mitte dieses Suchens und Erfragens des göttlichen Willens. Er ist zunächst Vorbild als jener, der nach dem Vorwort zum Wahlgeschäft der Exerzitien «ganz frei ist für den reinen Dienst seines ewigen Vaters». Deshalb lassen die Mysterien des Lebens Jesu den Gehorsam Jesu vor dem Vater aufleuchten, daß in seiner Nachfolge der Übende sich bereit mache für das Ja zum göttlichen Willen. In solcher Sicht ist Jesus Christus, dessen «Speise» es war, «den Willen des Vaters zu tun» von der Menschwerdung bis zum Kreuz, das Urbild und Motiv für das Tun des göttlichen Willens in allen Dingen.

Jesus Christus ist zweitens in seiner Person, seinem Leben und seiner Lehre die mitteilende Offenbarung des göttlichen Willens. Er ist der Person gewordene Wille des Vaters für die Menschen: «Auf ihn sollt ihr hören.» In seiner vollen Hingabe an den Willen des Vaters kann er nun sagen: «Mein Wille ist es...», und darum vollzieht sich alle Hingabe im Zeichen des «mit ihm sich abmühen». Jesus wird zur Norm und zur Form aller Diensthingabe, die im letzten dem Vater gilt. Darum läßt die zweite Vorübung der Betrachtung «Vom Ruf des Königs» beten um die Gnade, «daß ich nicht taub sei für seinen Ruf, sondern schnell und bereitwillig, seinen heiligsten Willen zu erfüllen».

Wieder setzt sich die inkarnatorische Linie der Mitteilung

des göttlichen Willens von Jesus Christus zur Kirche fort, die selber ganz im Dienst des Herrn steht. In seinem Namen gebietet sie den Menschen: «Wer euch hört, der hört mich.» Dabei meint Hören eindeutig Gehorchen. Deshalb übereignet Ignatius, um besser und treuer im Willen Christi zu stehen, seinen Orden an die Kirche im Gehorsam gegen den «Vikar Christi», weil dieser aufgrund seines Amtes die Nöte der Menschen am besten kennt. In seiner Weisung soll der Wille Christi erkannt und erfüllt werden.
Auf der nächsttieferen Stufe dieses Abstiegs der Autorität Christi sieht Ignatius den Obern des Ordens, in dessen Weisung Christus dem Herrn Gehorsam geleistet wird. Der Vorgesetzte ist dementsprechend von seiner Seite gebunden, vor dem Befehl, soweit er es vermag, den Willen Christi, des einzigen Hauptes des Ordens, zu erkunden.
Ignatius hat in den Satzungen verhältnismäßig wenig definitive Sachentscheidungen gegeben, dafür ein um so größeres Feld der Entscheidung den Obern überlassen, damit sie zusammen mit den Untergebenen vor der jeweiligen Situation und Aufgabe den richtigen Entscheid fällen. Nicht aus Freude am Befehlen hat Ignatius dem Gehorsam in der Gesellschaft Jesu einen so breiten Raum gegeben. Ihn bewog dazu einzig das Verlangen, daß der Orden in den ungezählten, oft so verschiedenen und stets sich wandelnden Situationen und vor den immer neuen Aufgaben offen und verfügbar bleibe für den Willen Gottes. Da aber das ganze Leben des einzelnen und der ganze Orden unter dem einen Willen Christi, seines Herrn, steht, ist das Tun des Gehorsams eine wesentliche Form des «Gott dienen in allen Dingen».
Der besondere Gehorsam gegen den Papst und gegen die Obern im Orden bildet aber nur ein einzelnes Feld dieses Suchens nach dem Willen Gottes, wie er in Jesus Christus

kundgetan wird. Was Ignatius in den Exerzitien gelehrt und in den Satzungen auf den eigenen Orden angewandt hat, steht grundsätzlich für jeden Christen offen und ist ihm als der Weg der Nachfolge des Herrn aufgegeben. Denn jeder Christ soll ein «Pilger des göttlichen Willens» in der Spur und im Geist Jesu Christi sein.

«Gott suchen in allen Dingen» heißt darum in dieser Sicht: in allen fälligen Entscheidungen des menschlichen Lebens nach dem Willen Gottes fragen und dann im Maß der in Jesus Christus gefundenen Antwort diesen göttlichen Willen erfüllen. Je radikaler, das heißt bis in die Wurzeln des Herzens hinein, die Grundwahl der Exerzitien, ganz «mit Jesus Christus zu gehen» und sich von seiner Gesinnung beseelen zu lassen, einen Menschen ergriffen hat, um so leichter und echter wird dann eine solche Alltagswahl. Im Sinn der Grundwahl soll der Christ allzeit ein Hörender sein, um den je und je ergehenden Anruf Gottes zu vernehmen und ihm zu gehorchen. Er hat dabei nur seine Grundwahl auf den konkreten Fall anzuwenden: Was ist hier und jetzt für mich der Wille Gottes im Geist und in der Nachfolge Christi? Dabei wird auch der Alltag selber mit seinen Situationen, Aufgaben und Schwierigkeiten zu einer Offenbarung des göttlichen Willens. Denn vielfach ist durch das Vorgegebene schon über den Menschen verfügt. Dann wird die gehorsame Annahme dieses Gegebenen zur konkreten Weise des Ja zum Willen Gottes.

Im Sinn des Ignatius sind aktive Verfügbarkeit und initiative Werkzeuglichkeit Kennzeichen der Bereitschaft für den Dienst vor Gott. Über solche Werkzeuglichkeit hat Dominik Thalhammer einmal gesagt: «Instrument sein bedeutet für Ignatius vollständige und beständige Selbstenteignung und Selbstübereignung in die Hände des lebendigen Gottes in

Jesus Christus... und dann auch Gebraucht- und Verbrauchtwerden im Dienst der Welterlösung.»[269] Oder P. Pedro Arrupe: «Das ist der Mann, den die Exerzitien hervorbringen...: Der im Grund seines Herzens freie Mann, ...ein verfügbares ‹Instrument› in der Hand des Herrn, um so wirksamer je verfügbarer.»[269a]
Zur ständigen Verfügbarkeit hat Nadal ein Wort des Laínez überliefert: «Große Fortschritte im geistlichen Leben wird ein Mensch – nach meinem Urteil – machen, wenn er tief in sein Herz dieses Verlangen einpflanzt: an jedem Ort, zu jeder Zeit, in allem Tun, Denken und Reden, ja in allem rein und ganz Gottes Wohlgefallen zu suchen, und wenn er dafür sein ganzes Bemühen einsetzt.»[270] Das also ist das zweite Element – im Bild die zweite Stufe – des «Gott suchen in allen Dingen»: Gottes Willen zu erkennen und zu tun suchen «in allem». «Gott suchen in allen Dingen» heißt darum konkreter «Gott dienen in allen Dingen». Diese Gleichförmigkeit mit dem Willen Gottes aber ist für Ignatius ganz Gebet.[271]

Lautere Absicht

Das «Gott suchen in allen Dingen» erstrebt im Sinn des Ignatius nicht nur eine äußere Gleichförmigkeit mit dem göttlichen Willen, sondern auch die innere Gleichgestimmtheit. Es genügt nicht, daß das Getane tatsächlich dem göttlichen Willen entspricht, sondern es gehört dazu ebenso notwendig, daß dieses Tun in lauterer Absicht geschieht. Denn Gott will nicht nur die Taten des Menschen, vor allem will er sein Herz: Alles Tun soll aus dem reinen Wollen des Gotteswillens hervorgehen und davon beseelt sein.

Der Hinweis auf die lautere Absicht in allem Tun nimmt bei Ignatius einen wichtigen Platz ein. Wieder bürgen dafür an erster Stelle die Exerzitien. Besonders in den Texten, die sich mit der «Wahl» befassen, kehrt dieses Anliegen ständig wieder. Die Entscheidung der Exerzitien soll nicht bloß in der Sache richtig sein, sondern auch inspiriert und getragen werden von der reinen Absicht für den Dienst Gottes. Schon in der 16. Vorbemerkung fordert Ignatius, daß «der Grund, die eine oder die andere Sache zu begehren oder festzuhalten, einzig und allein Dienst, Ehre und Verherrlichung seiner göttlichen Majestät sei».[272] Am Anfang aller Übungen läßt er im Vorbereitungsgebet «die Gnade erbitten dazu hin, daß alle meine Absichten, Handlungen und Beschäftigungen rein auf den Dienst und das Lob seiner göttlichen Majestät geordnet seien».[273] Die «Einführung zum Vollzug der Wahl» beginnt mit dem Satz: «Bei jeder guten Wahl muß, soweit sie von uns abhängt, das Augenmerk unserer Absicht einfach sein, indem es einzig das Ziel schaut, zu dem hin ich geschaffen bin, nämlich zum Lob Gottes unseres Herrn und zum Heil meiner Seele.» Und gegen Ende des Abschnitts wiederholt er den Hinweis auf das Grundmotiv: «Denn an erster Stelle haben wir uns den Dienst Gottes vorzunehmen. ... So darf also nichts mich bewegen... als allein der Dienst und Lobpreis Gottes unseres Herrn und das ewige Heil meiner Seele.»[274] Das erste Ziel des Menschen und aller Dinge soll zum Grundmotiv allen Wollens und Wählens werden.

In den Bemerkungen über den Gegenstand der Wahl erwähnt Ignatius auch den Fall, daß jemand früher eine unabänderliche Wahl «nicht in rechter und geordneter Weise», also mit ungeordneten Anhänglichkeiten, getroffen hat, und er folgert: «Man soll dies bereuen und danach trachten, innerhalb seiner getroffenen Wahl ein gutes Leben zu führen», also seine Motive zu läutern und damit einer verkehrten Wahl nachträglich eine rechte Richtung zu geben. Die gleiche Forderung nach Läuterung der Beweggründe stellt er «bei einer veränderlichen Wahl, die nicht in reiner Absicht und in wohlgeordneter Weise getroffen wurde: Da ist es nützlich, die Wahl [jetzt] auf rechte Weise zu vollziehen».[275] Am Ende der Anweisungen zur Wahl aber steht der Satz, der nicht nur für den Wahlvorgang der Geistlichen Übungen, sondern auch für alles Wählen im Alltag gilt: «Denn das soll ein jeder bedenken, daß er in allen geistlichen Dingen nur insoweit Fortschritte machen wird, als er herausspringt aus seiner Eigenliebe, seinem Eigenwillen und seinem Eigennutz.»[276] Auf ein solches Alltagsgeschäft bezieht sich die Weisung aus den «Regeln für die Almosenverteilung», die von der richtigen Motivation handelt: «Erstens muß die Liebe, die mich bewegt und mich das Almosen geben läßt, von oben her aus der Liebe zu Gott unserem Herrn herabsteigen; dergestalt, daß ich in mir spüre, die Liebe, die ich mehr oder weniger zu solchen Personen habe, um Gottes willen ist, und daß aus dem Grund, aus welchem ich sie mehr liebe, Gott selbst hervorleuchtet.»[277]

Der von oben aus der Liebe Gottes selber absteigende und alles durchformende Beweggrund des Handelns ist Jesus Christus. Er ist erstens, wie beim Tun des göttlichen Willens, das Urbild der lauteren Gesinnung. In seinem Herzen steht das Gesetz des Vaterwillens, und einzig um dem Vater zu gefallen und damit den Menschen zu heilen, lebt er sein Leben und geht er in den Tod. Er ist die Person gewordene reine Absicht. An ihm ist jede menschliche Absicht zu messen und zu ordnen. Zweitens ist er für den Menschen das primäre

Motiv allen Tuns; das inwendige «mit ihm» will den Menschen im Alltag auf die Spur Jesu führen. Denn er ist der wahre Weg, auf dem ein Mensch zu Gott gelangt. Darum ist es für den Christen im Sinn des Vorwortes zur «Betrachtung über die Stände» entscheidend, in die «Gesinnung Christi unseres Herrn» hineinzuwachsen und immer mehr davon bestimmt zu werden, gemäß dem Pauluswort aus dem Philipperbrief: «Seid so gesinnt, wie Jesus Christus gesinnt war» (Phil 2,5). Diese Grundrichtung Christi wird in der Besinnung der «Zwei Banner» durch die Trias Armut, Verdemütigung, vollendete Demut entfaltet. Das anschließende Dreifache Zwiegespräch mit der Bitte, «unter sein Banner aufgenommen zu werden», erfleht, ohne Bild gesprochen, eben dieses Hineingenommenwerden in die Gesinnungen Jesu Christi. Dementsprechend bedeutet die große zeichenhafte Erfüllung dieser Bitte im mystischen Ereignis von La Storta, da sich Ignatius dem kreuztragenden Christus zugesellt erfährt, die volle Umwandlung seines Herzens. Nun ist das «mit ihm» der Königsbetrachtung zum innersten Gesetz, zum alles beseelenden Motiv seines Tuns geworden. Untrennbar damit verbunden ist bei ihm der Beweggrund der «größeren Hilfe für den Nächsten»: Was Wesensziel des Ordens ist, wird aus dem Christusmotiv der dominante Beweggrund für alles Tun.

In den Satzungen

Den Ruf nach dieser christusförmig gewordenen reinen Absicht wiederholt Ignatius in den Ordenssatzungen, die den Geist der Exerzitien in die Strukturen der Gesellschaft Jesu übersetzten wollen. So heißt es im Fundamentaltext zum «Gott suchen in allen Dingen» aus dem Dritten Teil: «Alle seien bemüht, die gerade Absicht zu haben, nicht nur bezüglich ihres Lebensstandes, sondern auch in allen einzelnen Dingen, indem sie in allem immerfort rein den Dienst und das Wohlgefallen der göttlichen Güte um ihrer selbst willen anstreben.»[278] Die göttliche Güte, die hier als Motiv angesprochen wird, ist die Güte und Menschenfreundlichkeit Gottes, die in Jesus Christus unter uns erschienen ist. Dementsprechend erwähnt Ignatius im Zehnten Teil, der ein paar Grundsätze zur Sicherung des Ordens «im guten Stand» zusammenfaßt, unter den Mitteln, «die das Werkzeug mit Gott verbinden», besonders «die reine Absicht des göttlichen Dienstes».[279]

Wie die reine Absicht zuinnerst das «Gott suchen in allen Dingen« mitkonstituiert, zeigen des weiteren Texte der Satzungen, die sich mit Gebet und Studium der Scholastiker befassen. So sagt ihnen Ignatius im Vierten Teil: «Wie [einerseits] achtzugeben ist, daß sie ob des Studieneifers nicht in der Liebe zu einem religiösen Leben erkalten, so wird [andererseits] in dieser Zeit für Abtötungen, Gebete und Betrachtungen nicht viel Raum sein; denn die Hingabe an die Wissenschaften, die mit der reinen Absicht des göttlichen Dienstes erlernt werden und in gewissem Sinn den ganzen Menschen beanspruchen, wird Gott unserem Herrn für die Zeit der Studien nicht weniger, sondern mehr gefallen.»[280] Es ist also die reine Absicht, die aus dem Studium einen Gott wohlgefälligeren Dienst macht.

Zwei Kapitel später wiederholt Ignatius dieses Postulat der reinen Absicht: «Damit die Studierenden in diesen Fächern große Fortschritte machen, sollen sie sich zuallererst darum bemühen, ihre Seele rein und ihre Absicht im Studium gerade zu halten, indem sie in der Wissenschaft nichts als die göttliche Ehre und das Wohl der Seelen suchen.»[281] Noch zweimal kommt er in den folgenden Nummern auf dieses Anliegen der reinen Absicht zu sprechen.

Zeugnisse aus Briefen

Diese Hinweise der Satzungen kehren in der Korrespondenz des Ignatius wieder. Im großen Brief an die Scholastiker von Coimbra vom 7. Mai 1547 zeigt er ihnen, wie sie schon während der Studienzeit dem Nächsten im Sinn der apostolischen Berufung von Nutzen sein können: «Erstens durch die gegenwärtige Arbeit, indem sie dieselbe in guter Meinung auf sich nehmen und ganz einstellen auf die Erbauung der Seelen.»[282] Polanco aber schreibt im schon erwähnten Brief an den Rektor von Coimbra, P. Urban Fernandez, nachdem er anstelle langer Gebete das «Gott suchen in allen Dingen» postuliert hat: «Was die gesamte Einstellung betrifft, so möchte er [Ignatius], daß alle unmittelbar die Ehre Gottes suchen mit Seele und Leib und in allen Arbeiten, und daß sie es mit allem Eifer auf die geistliche Hilfe des Nächsten ablegen.»[283] P. Bartholomäus Hernandez, der Rektor des Kollegs zu Salamanca, erhält am 21. Juli 1554 im Auftrag des Ignatius von Polanco dieses für einen besorgten Obern tröstliche Wort: «Daß die Unsrigen dort im Kolleg nicht alle jenen inneren Zug der Andacht spüren, den man wünschen möchte, ist gar nicht zu verwundern. ... Und doch, wenn das Studium in reiner Absicht auf den Dienst Gottes gelenkt wird, ist es eine ausgezeichnete Betätigung der Frömmigkeit.»[284]

Über dem Kapitel des Siebenten Teiles der Satzungen, das von den «Aussendungen durch den Obern der Gesellschaft» handelt und für die richtige Auswahl der Arbeitsfelder und Personengruppen eine Reihe konkreter Kriterien aufstellt, steht als Forderung «die sehr gerade und reine Absicht vor Gott unserem Herrn», die alle Wahl leiten soll.[285] In diesem Sinn schreibt Polanco in der Instruktion, die er im Auftrag des Ignatius am 24. September 1549 den nach Deutschland gesandten Patres Canisius, Jay und Salmerón mitgibt: «Man muß sich überzeugen können, daß Sie wirklich nicht suchen, was das Ihre ist, sondern was Jesu Christi: seine Ehre und das Heil der Seelen.»[286] Den nach Prag reisenden Jesuiten legt Polanco im ersten Punkt seiner Instruktion vom 12. Februar 1556 ans Herz «das Verlangen und den heiligen Eifer nach dem Heil der Seelen und nach der Verherrlichung Gottes in ihnen». Den zweiten Teil dieses Schreibens, das persönliche Empfehlungen für die Gruppe der Jesuiten enthält, beginnt er: «Je besser wir selber sind, um so tauglichere Werkzeuge sind wir zum geistlichen Wohl des Nächsten. Deshalb sorge jeder für die richtige Einstellung, um nur zu suchen, was Jesu Christi ist, und erwecke in sich das lebendige Verlangen, ein wahrer und treuer Diener Gottes zu sein und seine Sache in allem gut zu machen.»[287]

Als P. Miró von Lissabon aus bei Ignatius Schwierigkeiten machte wegen des ihm übertragenen Beichtvateramtes am königlichen Hof, schrieb ihm dieser einen Brief, der in souveräner Freiheit von der wahren apostolischen Gesinnung gegen Hoch und Niedrig spricht. In der Mitte dieser Antwort stehen die großartigen Sätze: «Die Sicherheit [Ihres eigenen Gewissens] scheint mir hier gar nicht in Frage zu stehen. Wollten wir nämlich in unserem Beruf nur darauf ausgehen, immer sicher geborgen zu sein, und wollten wir etwas Gutes hintansetzen, um möglichst weit aus der Gefahr entrückt zu sein, so dürften wir überhaupt nicht mehr mit Menschen zusammenleben und verkehren. Nun aber haben wir von Berufs wegen mit allen umzugehen. Ja, wir müssen nach des Apostels Wort ‹allen alles werden, um alle für Christus zu gewinnen› (cf. 1 Kor 9,22). Gehen wir also nur mit der rechten Meinung voran, suchen wir nicht, was das Unsere ist, sondern was Jesu Christi, so wird er uns in seiner unendlichen Güte schon bewahren.»[288]

Im Vorwort zum Bericht des Pilgers erzählt P. Gonçalves da Câmara ein kleines Erlebnis, das er mit Ignatius hatte: «Ich war gerade dabei, ihm Rechenschaft über einige Einzelheiten meines Seelenlebens abzulegen, und unter anderem sprach ich mit ihm auch von meiner Neigung zu eitler Ruhmsucht. Als Mittel dagegen gab mir der Vater an, ich sollte oftmals alle meine Anliegen bewußt auf Gott hinlenken und mich darum bemühen, alles, was ich etwa an Gutem in mir fände, ihm anzubieten, dies so als seine Sache anzunehmen und dafür zu danken.»[289]

Ribadeneira aber hat über Ignatius in seiner Biographie festgehalten: «Er wünschte sehr, daß alle aus der Gesellschaft in ihren Absichten ganz gerade, rein und lauter seien, ohne Beimischung der Eigenliebe und Selbstsucht; daß sie die Ehre Gottes in Leib und Seele und in ihren Arbeiten suchten und das Heil der Seelen, in allen Dingen und jeder mit dem Talent, das Gott ihm geschenkt hat.»[290]

Ein Dreifaches machen all diese Texte sichtbar:

Das Erste hat Ignatius selber formuliert: «Die gerade Richtung auf Gott [in allem Tun] ist ganz Gebet.» Denn: «Man soll nicht minder Andacht finden in den äußeren Werken der Liebe und des Gehorsams, weil wir nur wirken dürfen aus Liebe und wegen des Dienstes Gottes, zu seinem Ruhm und zu seiner Ehre.»[291]

Das Zweite: Die reine Absicht ist nichts anderes als die innere Gleichförmigkeit mit Gottes Willen, die inwendige Hingabe an den Herrn bildet die «reine Absicht in allem Tun» ein

konstitutives Element am Ganzen des «Gott suchen in allen Dingen», eins mit der universalen Sicht des Glaubens und der ständigen Offenheit für den Willen Gottes.
Das Dritte: Wenn die Texte aus Satzungen und Briefen auch unmittelbar die Gesellschaft Jesu ansprechen, so geht es in dieser Lehre von der reinen Absicht in allem um einen geistlichen Weg, der jedem Christen offensteht. Sie zeigt all denen, die in der Mühe ihres Berufes und ihrer Weltverpflichtung «nicht viel Zeit zum Beten» haben, eine fruchtbare Methode zum immerwährenden Dienst vor Gott. Nicht zuletzt liegt hier die Aktualität des Ignatius und seines Geistes.

Liebe, die dient

Immer ist Ignatius ein Mann der «discreción». Man kann dieses ihm selber so teure Wort nicht mit einem einzigen Begriff wiedergeben. Muß man es aber aus praktischen Gründen doch übersetzten, verkürzt man notwendig seinen Gehalt. Zum Feld der «discreción» gehören: Klugheit, die zusammenwächst aus eigener Urteilskraft und Gabe des Heiligen Geistes; dann die Befähigung zur Unterscheidung der Geister, die aus persönlicher Erfahrung und innerer Erleuchtung gewonnen wird; des weiteren Zucht und Maß, die alles praktische Verhalten ordnen, ohne in Mittelmäßigkeit zu verfallen. Diese Haltung der «discreción» ist in Ignatius angelegt durch das Erbe des Hauses Loyola und entwickelt durch die höfische Erziehung in Arévalo. Vor allem aber ist sie Frucht der Gnade vom Cardoner. Hier hat er in der Gesamtschau auch das Maß für alle Dinge erhalten. «Discreción» ist fortan nicht nur ein typisches Kennzeichen seines eigenen Sprechens und Handelns. Er macht sie auch zu einem Grundzug seines Ordens und schreibt sie in ungezählten Variationen in die Satzungen ein.

«Discreción» der Liebe

Darum steht auch das Letzte und Tiefste seines Herzens, die Liebe, unter dem Zeichen solcher «discreción». «Diskret» ist schon sein Sprechen von der Liebe – weil ja nach seinem eigenen Ausspruch «Liebe sich mehr in der Tat als im Wort» kundgibt. Im Buch der Satzungen kommt das Wort Liebe wohl einige Dutzend Male vor, aber fast nur in kurzen Andeutungen. Ein einziger Text klingt wie ein «Hohes Lied der Liebe», aber auch da ist alle trunkene Liebe gebunden in die Nüchternheit der Nachfolge des zum Toren gewordenen Herrn Jesus Christus. Ebenso kehrt in den Briefen das Wort der Liebe selten wieder. Am offensten nennt es Ignatius im Tagebuch, das nicht für fremde Augen bestimmt ist. Im Unterschied dazu ist die Liebe im Bericht des Pilgers wieder meist verschwiegen in die Tat.
Aber dieser Ignatius, der so sparsam umgeht mit dem Wort von der Liebe, ist eben doch ein großer Liebender, getragen und getrieben von einer heiligen Leidenschaft des Herzens. Er ist ganz erfüllt von der Liebe zur Heiligsten Dreifaltigkeit, wie das Tagebuch immer wieder bezeugt. Die Liebe einer innigen Freundschaft verbindet ihn mit seinem Herrn und Meister Jesus Christus. Hinter dem apostolischen Ordensziel drängt das Motiv einer starken Liebe zu den Menschen. Und wie väterlich hat er, nach ungezählten Zeugnissen, seine Mitbrüder geliebt, angefangen von seinen sechs «lieben Freunden im Herrn» aus der Pariser Zeit.

Doch auch diese Liebe steht als innerstes Geheimnis seines Herzens und seines Lebens im Zeichen der «discreción». Es ist nach einem fundamentalen Wort der Satzungen eine «diskrete Liebe». Im Tagebuch hat er dafür als Antwort auf die göttlichen Gnadenerweise immer wieder das Wort «amor reverencial» (Liebe in Ehrfurcht) niedergeschrieben. Das ist die Form seiner Liebe. Ehrfurcht ist für ihn liebende Verehrung, die bei aller Nähe immer Distanz wahrt. Aber wie im «Fundament» der Geistlichen Übungen das Wort von der Ehrfurcht sofort in das andere vom Dienst übergeht, so ist bei Ignatius auch «amor reverencial» sachgerecht zu übersetzen mit «Liebe, die dient». Die dankbare Liebe vor der Heiligsten Dreifaltigkeit wird zum Suchen und Tun des göttlichen Willens. Die Liebe zu seinem Herrn und Meister Jesus Christus wird zum «sich abmühen mit ihm». Die Liebe zur Kirche, in der sich seine Christusliebe ausweitet, wird zum vorbehaltlosen Dienst, in den er seinen Orden überantwortet. Die Liebe für den Papst gar erscheint nur noch unter dem Gewand des Sendungsgehorsams, so sehr ist die heimliche Liebe zum «Vikar Christi» ernüchtert. Die Liebe zu den Menschen setzt sich sofort um in den Dienst für ihr Heil. Und alle Liebe zu seinen Ordensbrüdern drückt sich aus im Mühen um ihr geistliches und leibliches Wohl – von der Sorge um Gebet, Gehorsam und Einheit bis zum Wunsch, er möchte noch wissen, von wieviel Flöhen seine Brüder geplagt würden.

Die große Liebe des Ignatius ist immer Liebe, die dient. Umgekehrt ist aller Dienst seines Lebens inspiriert und getragen von der Liebe. Sie ist die Grundkraft seines Lebens. Die Gnadenstunde vom Cardoner, das «Christus zugesellt werden» von La Storta, die wunderbaren mystischen Erfahrungen aus dem Tagebuch haben ihm diese Liebe geschenkt. Es ist seine ureigenste Erfahrung, was er einmal in den Geistlichen Übungen schreibt: «Die erste Regel [für das rechte Wählen] ist, daß jene Liebe, die mich bewegt und mich antreibt ..., von ober her aus der Liebe Gottes herabsteigen muß.»[292]

«Amor reverencial»

Ignatius ist ein Mann des «amor reverencial», der «diskreten Liebe», die dient. Diese Grundhaltung schreibt er nun für den Orden ins Buch der Satzungen ein. Denn das Wort von der Liebe ist da immer wieder gepaart mit den beiden anderen: Ehrfurcht und Dienst. So heißt es gleich auf den ersten Seiten von den Koadjutoren (Helfern), sie sollen «mit großer Güte aus Liebe zu seiner göttlichen Majestät allen helfen und dienen».[293] Und etwas später von der gleichen Gruppe: Sie sollen wünschen, «alle Tage ihres Lebens» in seinem Dienst zu verbringen, «da sie alle Dinge um seiner göttlichen Liebe und Ehrfurcht willen tun». Die Novizen sollen im Spitalexperiment «den Armen Christi um seiner Liebe willen eine Zeitlang dienen».[294] In jenem einzigartigen Text aus dem Examen Generale, in dem sich seine nüchtern trunkene Liebe zu Christus kundgibt, sagt Ignatius: «... so verlangen und lieben jene, die im Geiste gehen und ernstlich Christus unserem Herrn nachfolgen, sich aus der ihnen geschenkten Liebe und Ehrfucht mit der gleichen Kleidung und Diensttracht zu kleiden wie ihr Herr.»[295]

Als Beispiel dafür, wie alles Apostolat Liebe in Dienst sein will, heißt es von den Kollegien: «Die Lehrer sollen besonders bestrebt sein, ... sie [die auswärtigen Schüler] zur Liebe und zum Dienst für Gott unseren Herrn zu bewegen.»[296] Im gleichen Sinn wird von der Liebe im Zusammenhang mit dem

Gehorsam gesprochen, da Gehorsam immer Dienst besagt: Man soll «den Obern, wer er auch sei, an Stelle Christi unseres Herrn anerkennen und innerlich Ehrfurcht und Liebe zu ihm haben» und «in allem im Geist der Liebe vorangehen».[297] Den Scholastikern wird empfohlen, ihre Studien «aus Liebe und Gehorsam» zu übernehmen. Aber auch der Obere soll seinen Mitarbeitern gegenüber «Liebe und Ehrfurcht» erweisen. Im Bild des Generals zeichnet Ignatius diesen Grundzug: «Und insbesonders muß in ihm die Liebe zu allen Nächsten, in hervorragendem Maß aber zur Gesellschaft leuchten.»[298]

Alle diese Einzelzüge faßt jener Text aus dem Dritten Teil der Satzungen, der thematisch vom «Gott suchen in allen Dingen» handelt, zusammen: «Sie sollen sich bemühen, in allen Dingen Gott unseren Herrn zu suchen, indem sie, soweit es möglich ist, die Liebe zu allen Geschöpfen von sich entfernen, um sie auf deren Schöpfer zu richten und ihn in allen Dingen zu lieben und alle in ihm, gemäß seinem heiligsten und göttlichen Willen.»[299]

An den Anfang der zwölf Grundsätze, die Ignatius an die jungen Mitbrüder im Studium zu Alcalá geschrieben hat, stellt er das wegweisende Wort: «Wir müssen immerdar Sorge tragen, unser Herz in hoher Lauterkeit der Liebe Gottes zu bewahren, so daß wir kein geschaffenes Ding lieben außer in ihm, daß wir nur danach verlangen, den inneren Kontakt mit Gott zu behüten, mit dem Nächsten aber verkehren aus Liebe zu Gott.»[300]

In die Instruktion für die drei Deutschlandfahrer Canisius, Jay und Salmerón schreibt Polanco aus der Inspiration des Ignatius: «Machen Sie sich allen liebenwert, indem Sie in Demut und Liebe allen alles werden. ... Sie müssen sich von einer aufrichtigen und herzlichen Liebe gegen alle durchdringen lassen. ... Zeigen Sie in Tat und Wahrheit Ihre Liebe und machen Sie sich um möglichst viele verdient, indem Sie sowohl in geistlicher Beziehung helfen als auch in äußeren Liebeswerken.»[301]

In einem frühen Brief an Herzog Franz Borja schreibt Ignatius selber: «Wer Gott aus ganzer Seele liebt, den fördert alles in der Andacht, so daß er immer mehr gewinnt und zu stets innigerer Liebeseinigung mit seinem Schöpfer und Herrn emporsteigt.»[302]

Im gleichen Sinn sagt Nadal in einer Konferenz über das Gebet: «In uns aber ist die Liebe, die Gott uns ins Herz gab: Von dieser Liebe muß alles seinen Anfang nehmen, muß sich ihre Glut wirksam erweisen allen Dingen gegenüber. So wird sich alles Beten in allen Arbeiten drinnen und draußen in der Gesellschaft auf wunderbare Weise wirksam erweisen.»[303] Von dieser umgestaltenden Kraft der Liebe ist ein Wort aus der Umgebung des Ignatius überliefert: «Wenn erst einmal das eigene Herz durch Gottes Kraft umgewandelt ist, was Wunder, wenn dann auch in allen äußeren Beziehungen ein Wandel festzustellen ist.»[304]

Aus diesen Texten, die nur Beispiele für viele andere sind, und aus all dem, was in früheren Kapiteln schon gesagt wurde, ergibt sich eine dreifache Erkenntnis.

Erstens: Die Liebe – als Gottes- und Christusliebe, die sich ausweiten zur Nächstenliebe – ist die Grundkraft im Leben des Ignatius und wird darum auch zum Grundmotiv seiner geistlichen Lehre, wie sie sich in den Exerzitien und den Ordenssatzungen ausspricht.

Zweitens: Diese Liebe hat immer die Form des «amor reverencial», sie ist Liebe, die in Ehrfurcht dient.

Drittens: Solche Liebe, die alles Tun des Dienstes motiviert, bildet den krönenden Schlußstein und den innersten Sinn des

«Gott suchen in allen Dingen» und durchdringt darum auch schon insgeheim die ersten drei Stufen. Diese dienende Liebe führt zur vollendeten Vereinigung mit dem Dreifaltigen Gott in der Gemeinschaft mit Jesus Christus. Dienende Liebe ist höchste Form der Kontemplation – das immerwährende Gebet der dankbaren Liebe.

Es braucht nicht mehr eigens nachgewiesen zu werden, wie universal christlich diese Lehre von der «Liebe, die in allen Dingen dient», ist. Zu klar verwirklicht sich in ihr das eine Hauptgebot der Gottes- und Nächstenliebe. Es ist eine Form der Liebe, wie sie dem Menschen mitten in aller Arbeit, in den Bedrängnissen und Sorgen des Alltags möglich ist. Sie ist das alles durchformende Gebet jener, die «nicht viel Zeit zum Beten haben».

Der eine Weg

Damit hat sich der Sinn des Wortes vom «Gott suchen in allen Dingen» erschlossen. Noch einmal sei an das Zeugnis des Ignatius aus dem Jahr 1555 – also nur wenige Monate vor seinem Tod – erinnert: «Er habe stets an Frömmigkeit, das heißt an Leichtigkeit Gott zu finden, zugenommen.» Frömmigkeit ist für ihn identisch mit der Fähigkeit, Gott in allen Dingen zu finden und in diesem Finden ihm liebend zu dienen.

«Gott finden in allen Dingen» als Summe und Inbegriff aller Frömmigkeit heißt also in genuiner Deutung durch das Leben und die Lehre des Ignatius:

– Gott gläubig begegnen in allen Dingen, die transparent werden zu Gott hin und von ihm her;

- Gottes heiligen Willen zu erkennen suchen und ihn erfüllen in allen Situationen und Aufgaben des Lebens;
- alles Tun dieses Gotteswillens tragen und inspirieren lassen von der lauteren Absicht, die nur Gott und seinen Dienst sucht;
- dies beseelen lassen von der ehrfürchtigen Liebe, die dient in der ganzen Breite und Tiefe des Menschenlebens.

Frömmigkeit heißt mit einem anderen Wort des Ignatius, aber im gleichen Sinn «Vertrautheit mit Gott in allem Tun des Lebens». Diese Vertrautheit verspürten die Lebensgefährten des Ignatius. Laínez faßt diese Erfahrung in den lapidaren Satz zusammen, der das ganze Leben des Ignatius wie in einem Brennpunkt aufleuchten läßt: «Er ist auf einzigartige Weise mit Gott vertraut.» Von dieser Vertrautheit schreibt Nadal in sein Merkbuch – und er hat dies von Ignatius gelernt: «Groß und überaus beglückend ist die Vertrautheit mit Gott; sie gründet ganz in seinem Erbarmen und seiner Güte und ist von ihr ganz aufgesogen; du fühlst darin, wie alles Gute nicht von dir stammt, sondern Gott wird dir alles in allem.»[305]

In solcher Vertrautheit vollendet sich die Mystik des Dienstes. Die Actio ist zur immerwährenden Contemplatio geworden. In allem Tun lebt die Einheit mit Gott, der alles in allem ist. Das Exerzitienbuch klingt aus in das Wort: «...eins mit der göttlichen Liebe». Wie dieses Endwort der Geistlichen Übungen ist «Liebe, die dient in allen Dingen» das letzte Wort des Ignatius an die Welt, der er mit seiner Lehre helfen will.

Fünftes Kapitel

HILFEN ZUR PRAXIS

Im Maß ihres Fortschreitens haben die bisherigen Kapitel den Inhalt und die Aufgabe der ignatianischen Grundformel vom «Gott suchen in allen Dingen» aufgeschlossen. Wohl hat Ignatius diesen Weg zunächst dem eigenen Orden als Summe seiner Spiritualität, als «Chorgebet und Klausur des Herzens», vorgezeichnet. Doch schon die Schlußbetrachtung der Exerzitien, die ein Lebensbuch der ganzen Christenheit geworden sind, zeigt, daß dieser geistliche Weg jedem Christen offensteht. Wie die Lehre des Ignatius aber immer auf das Tun hindrängt, so wird seine Lehre auch erst durch das Tun in ihrem vollen Sinn verstanden. So stellt sich zum Schluß die Frage: Was können und sollen wir tun, um in unserem Leben das «Gott suchen in allen Dingen» zu verwirklichen? Auf welche Hilfen weist uns Ignatius selber hin?

Die Gabe Gottes

Eine erste Antwort gibt er mit seinem Leben. Das eigene «Gott finden in allen Dingen» ist vor und über allem eigenen Bemühen ein Geschenk der Gnade Gottes, wie sie ihm überreich in seinen mystischen Erfahrungen zuteil wurde. Die Mystik ist aber nur eine Weise der göttlichen Gnade überhaupt. So sehr also bei Ignatius das «Gott finden in allen

Dingen» einen mystischen Urgrund und eine mystische Vollendung kennt, so wenig ist für den Christen dieser geistliche Weg an mystische Erfahrung gebunden. Unbedingt gebunden aber ist er an die allen zugängliche und allen vom Geber der Gaben zugesagte Gnadenhilfe.

In einer Konferenz über das Gebet sagt deshalb Nadal seinen Mitbrüdern: «Schließlich aber ist das Gebet doch eine Gabe Gottes unseres Herrn, gerade wie auch ein geistliches Leben führen eine Gnade ist, oder ein tief innerliches Verstehen des Geistlichen und Göttlichen oder das ‹Gott finden in allen Dingen› und allem Tun. Dies alles kommt uns in dem Maß zu als uns Gott seine Gnade gibt und wir mitarbeiten in viel Demut, Einfalt, Herzensreinheit, Glauben und Vertrauen auf Gott unseren Herrn.»[306]

Im gleichen Sinn verspricht Ignatius am Schluß des Briefes vom 7. Mai 1547 den Scholastikern von Coimbra, nachdem er sie auf das «Gott suchen in allen Dingen» hingewiesen hat: «Ich flehe zu Gott, unserem Schöpfer und Erlöser, der Sie in Gnaden berief und Ihnen einen tatkräftigen Willen gab, um sich gänzlich für seinen Dienst einzusetzen, er möge in Ihnen weiterwirken und seine Gaben mehren, damit Sie standhaft ausharren und in seinem Dienste wachsen.»[307]

Wenn im vorausgehenden Kapitel der Sinn des «Gott suchen in allen Dingen» mit vier Schritten auseinandergefaltet wurde, so bildet wohl die Liebe die Vollendung, die thematische Mitte aber ist die dauernde Frage nach dem göttlichen Willen: Die durchgängige Welt-Anschauung im Licht des Glaubens schafft dafür die Grundlage und Disposition. Die reine Absicht und das Grundmotiv der Liebe geben dem Tun des göttlichen Willens seine Lauterkeit und endgültige Reife. Das zentrale Anliegen im Gesamtweg des «Gott suchen in allen Dingen» zielt also auf das Finden und Tun des Gotteswillens in allen Situationen und in allen fälligen Entscheidungen des Lebens.

Nun zeigt aber Ignatius immer wieder, wie gerade dieses Finden des göttlichen Willens und die Kraft zum Gehorsam ihm gegenüber vor allem Bemühen des Menschen eine Gnade Gottes ist. Wie sehr er als «Pilger des göttlichen Willens» um diese Gnade bittet, zeigen ungezählte Briefe mit ihren stereotyp wirkenden Schlußformeln, die doch sein Herzensanliegen aussprechen. Schon ein Brief aus Paris an seinen Bruder Martín, den Schloßherrn von Loyola, schließt: «Gott den Herrn, der uns einst richten wird, bitte ich zum Schluß, er wolle uns in seiner unendlichen Güte Gnade verleihen, damit wir seinen heiligsten Willen recht erkennen und ihn ganz erfüllen.»[308] An Sr. Teresa Rejadella, der er in einer tiefen geistlichen Freundschaft verbunden war, schreibt er in einem Brief aus Venedig, ein halbes Jahr vor der Ankunft seiner Freunde aus Paris: «Ich schließe, indem ich die Heiligste Dreifaltigkeit bei ihrer unendlichen Güte um die reichste Gnade bitte, damit wir ihren heiligsten Willen immer recht erkennen und ganz erfüllen.»[309] Oder in einem Brief an Gerhard Kalckbrenner, den Prior der dem Ignatius und seinem Orden so innig befreundeten Kartause von Köln: «Gottes unermeßliche Liebe gebe uns seinen Heiligen Geist und seine Gnade, damit wir seinen göttlichen Willen immer recht erkennen und erfüllen.»[310]

Mit solchen Zitaten aus der Korrespondenz des Ignatius könnte man Seiten um Seiten füllen. Sie bezeugen nicht nur die Suche nach dem Willen Gottes, die alles Tun des Ignatius durchformt. Sie bürgen auch für die Überzeugung, daß Erkennen und Erfüllen des göttlichen Willens vor allem eigenen Bemühen Gnade Gottes sind. Das gilt auch von den anderen Elementen, die das Ganze des «Gott suchen in allen

Dingen» ausmachen: Der Glaube, der die Dinge auf Gott hin transparent werden läßt, muß von Gott gegeben werden. Die reine Absicht meint jenes lautere Herz, das nur Gott schaffen kann. Und erst recht ist die Kraft zur Liebe die größte aller Gnaden.

So ist das «Gott finden in allen Dingen» nur möglich aus der schenkenden Gnade Gottes. In der ersten Jesuitengeneration aber lebte die Überzeugung, daß Gott dem Orden alle Gnaden, die zu seinem Wesen gehören, zugesagt habe. Dazu zählten sie neben der Gnade von La Storta vor allem das «Gott suchen in allen Dingen». Darum lebte in ihnen das Vertrauen, Gott werde ihnen diese zur Erfüllung ihres Berufes notwendige Gnade geben. Sie wußten aber auch, daß solche Gnade ihnen gegeben werde nach dem Maß, mit dem sie sich dafür bereit hielten und darum bäten.

Darf dieser Gedanke nicht über alle Ordensgrenzen hinweg ausgeweitet werden? Lebt der «Christ in der Welt» nicht in der gleichen schwierigen Situation? Ist nicht auch er in Beschlag genommen vom Anspruch des Berufs und von den Pflichten des Alltags? Und doch gehört es wesentlich und unabdingbar zu seiner christlichen Berufung, daß er «Gott liebt aus ganzem Herzen, ganzer Seele, mit allen Kräften», jeden Tag und jede Stunde. Darf er deshalb nicht frohen Mutes vertrauen, daß ihm Gott die wesentliche Gnade zur Erfüllung seiner christlichen Berufung und Verantwortung geben werde? Bedeutet solche Gnade nicht einfach die göttliche Befähigung zum «Gott suchen in allen Dingen»? Auch für ihn gilt das Wort des Ignatius, daß er nicht viel Zeit zum Beten finde. Aber auch er kann auf diesem Weg alle Pflichten und Mühen des Alltags, Arbeit und Freizeit, zum «Gebet» machen. Freilich wird dieses Vertrauen zum Erweis seiner Echtheit auch beharrlich um solche Gnade bitten. Diese Bitte braucht keine langen Gebete, es genügt der kurze Flehruf unterwegs und zwischendurch.

Das Mühen des Menschen

Damit ist schon das andere angesprochen: Um «Gott in allen Dingen finden» zu können, braucht es auch ein ausdauerndes menschliches Bemühen. Nur durch stetes Üben wird solches Können erreicht. Die Quellen ignatianischer Spiritualität verweisen auf drei Felder dieser menschlichen Anstrengung.

In Selbstverleugnung

Die erste Forderung tönt nüchtern und hart: ausdauernde Abtötung und Selbstverleugnung, wie sie zum Ärgernis des Evangeliums Jesu Christi gehört. Es geht darin nicht um körperliche Bußwerke, die höchstens als Übungsmittel verwendet werden. Vielmehr handelt es sich nach dem Wort der Exerzitien darum, «alle ungeordneten Neigungen von sich zu entfernen». Es sollen die Hindernisse, die das Suchen des reinen Dienstes Gottes stören, weggeräumt werden. Gefordert wird der immer neue Auszug aus Eigenliebe, Eigenwillen, Eigennutz, und damit jene notwendige Weltflucht, die erst bereit macht für den wahren Weltdienst. Positiv formuliert will solche Abtötung zur wahren Indifferenz führen, zum «Gleichgewicht der Waage, um dem folgen zu können, von dem man spürt, daß es mehr zu Ehre und Lob Gottes unseres Herrn gereicht».[311] Diese Selbstverleugnung will hinführen zur wachsenden Freiheit des Willens und des Herzens, damit der Mensch verfügbar werde für das Tun des göttlichen Willens. Dem Kandidaten des Ordens sagt Ignatius, «es müsse seine wichtigste Sorge darin bestehen, in unserem Herrn in allen Dingen, in denen es möglich ist, seine größte Selbstverleugnung und beständige Abtötung zu suchen».[312] Ähnlich heißt es im Fundamentaltext der Satzungen zum «Gott suchen in allen Dingen»: «Und man ermahne sie häufig, in allen Dingen Gott unseren Herrn zu suchen, indem sie, soweit es möglich ist, die [ungeordnete] Liebe zu den Geschöpfen von sich entfernen...» Wahre Weltliebe, die eins wird mit der Gottes- und Christusliebe, ist nur möglich über das Kreuz. «Wenn einer aus sich selbst ausgegangen ist und eingegangen in seinen Schöpfer und Herrn und dann sich immer vor Augen hält, immer innerlich verspürt und immer sich freut, wie unser ewiges Gut in allem Geschaffenen ist..., so liegt darin, wie ich meine, ein Glück über alles andere.»[313] In diesem Wort des Ignatius ist direkt auf den inneren Zusammenhang von Abtötung und «Gott finden in allen Dingen» hingewiesen. Die da geforderte Verleugnung alles ungeordneten Strebens und der Auszug aus sich selber führen zur Freiheit des Herzens, das dadurch fähig wird, Gott in allem und alles in Gott zu lieben.

Von dieser inneren Freiheit zeugt ein Wort des Ignatius aus seinen letzten Lebenstagen. Als ihn der Arzt vor der Gefahr melancholischer Gedanken warnte, meinte er: «Ich habe nachgesonnen, was mich wohl melancholisch machen könnte, und ich habe nicht einen einzigen Grund gefunden. Höchstens den, daß der Papst etwa die ganze Gesellschaft auflösen könnte. Aber auch dann, möchte ich meinen, würde mir eine Viertelstunde gesammelten Gebetes genügen, um so fröhlich wie zuvor, ja noch fröhlicher zu sein.»[314]

Gerade im Kampf gegen die Ausdehnung der Gebetszeit

nannte Ignatius immer wieder die Abtötung als Bedingung für das wahre Gebet und das «Gott finden in allen Dingen». In der Auseinandersetzung, die er mit Nadal am 22. November 1554 nach dessen Rückkehr von der spanischen Visitation hatte, «sagte unser Vater, daß man ihn nicht von der Überzeugung abbringen könne, für die Scholastiker genüge eine Stunde Gebet, so lange man bei ihnen Abtötung und Selbstverleugnung voraussetzen könne». Und der diesen Vorgang rapportierende P. da Câmara schließt: «So ist für unseren Vater die Abtötung und Verleugnung des Eigenwillens die Grundlage des geistlichen Lebens.»[315]
Der gleiche Zeuge aus der unmittelbaren Umgebung des Ignatius notiert ein andermal in sein Memoriale: «Wenn der Vater vom Gebet sprach, war es immer klar, daß er die [ungeordneten] Leidenschaften als bezähmt und abgetötet voraussetzte. Eines Tages sprach ich zu ihm über einen guten Ordensmann, den ich kannte, und sagte: ‹Er ist ein großer Beter.› Er aber verbesserte: ‹Er ist ein sehr abgetöteter Mann›.»[316]
Im Geist des Ignatius schrieb darum Polanco an den Rektor von Coimbra: «Ferner will der Vater in der Gesellschaft einen Verzicht auf seine eigene Neigung und eine gläubige Bereitschaft für alles haben, was befohlen werden mag.»[317] In die gleiche Richtung weist ein anderes Zeugnis aus der Umgebung des Ignatius: «Der gut abgetötete Mensch, der seine Leidenschaften besiegt hat, findet in seinem Gebet viel leichter das, was er wünscht, als der Nichtabgetötete und Unvollkommene. Und aus diesem Grund hielt unser seliger Vater so viel von der Abtötung, und er zog sie einem Gebet vor, das nicht die Abtötung als Mittel der Gottvereinigung zum Ziel hat.»[318] Noch knapper hat es Ignatius selber formuliert, wenn er sagt, ein abgetöteter Mensch erreiche in einer Viertelstun-

de Gebet mehr als ein nicht abgetöteter in zwei Stunden. Noch ganz im Geist des Ursprungs wird eine Generation später Achille Gagliardi diese ignatianische Lehre weitergeben: «Unser Gebet hat seine Quelle nicht in den Vorteilen der Einsamkeit, im Eifer der Frömmigkeit, in persönlicher Fertigkeit und eigenem Streben, wohl aber in der Abtötung des Herzens und in der Lauterkeit der Absicht. Da nimmt es seinen Ursprung und danach muß man seine Kraft und Intensität abschätzen.»[319]

All das, was hier unmittelbar an die Adresse von Jesuiten gesagt wird, darf mit vollem Recht auf jeden Christen übertragen werden, der sich um diese Weise der Gottvereinigung bemüht. Denn nur der Mensch, der in ausdauernder Überwindung allen ungeordneten Strebens frei geworden ist, wird fähig, Gott in allen Dingen zu finden. Nur er hat das reine Herz der Bergpredigt, das Gott schauen kann. Nur er wird nicht immer wieder den Eigenwillen dem Gotteswillen vorziehen, sondern ganz hörend und verfügbar sein. Nur er wird zur «geraden» Absicht gelangen, statt immer wieder sich selber zu suchen. Nur der von sich frei gewordene Mensch wird fähig zur lauteren Liebe in Dienst.

In Gebet

Eine zweite unabdingbare Hilfe auf dem Weg zum «Gott suchen in allen Dingen» ist das formelle Gebet. Am Anfang dieses geistlichen Weges steht darum die große Gebetsschule der Exerzitien. Was dort grundgelegt wird, will im Alltag weiter gepflegt werden. Dabei darf solches Übungsgebet kurz sein, wenn nur die notwendige Abtötung vorausgesetzt werden kann. Es will nur hinführen zum getanen Gebet des

«Gott suchen in allen Dingen». Wie die Mysterien des Lebens Jesu den Hauptstoff der Exerzitien bilden, so will die tägliche Lesung des Evangeliums helfen, daraus den Anruf für jeden neuen Tag zu erspüren.
Ignatius erhofft sich vom Menschen, der die Geistlichen Übungen recht gemacht hat, einen derart selbstverständlichen Geist des Gebetes, daß er ihm dafür keine weiteren Vorschriften machen will. Ganz in seinem Sinn sagt Nadal: «Hat man die Exerzitien einmal gemacht, so muß das Gebetsleben gepflegt, erhalten und gesteigert werden durch die Beharrlichkeit im Gebet und in den Arbeiten unseres Berufes.»[320] Im letzten Wort klingt Nadals Bild vom Kreislauf zwischen Gebet und Arbeit an: Nicht nur das Gebet beseelt die Arbeit, sondern die in rechter Absicht getane Arbeit fördert das Gebet.
Von Anfang an hat Ignatius, der sonst so zurückhaltend ist mit Vorschriften für das geistliche Leben, seinen Söhnen zweimal am Tag das «Examen conscientiae» zur Pflicht gemacht. Er stellt diese Übung an die erste Stelle nach der Heiligen Messe, vor allen anderen Weisen des Betens. Man könnte diese Viertelstunde besser mit «Bewußtseinsprüfung» statt mit dem traditionellen Namen «Gewissenserforschung» bezeichnen. Hier soll der Alltag bewußt ins Licht Gottes gehoben werden. «Die Reflexion auf das eigene Erleben, die Ignatius lehrt, ist kein Kreisen um das Ich. Sie ist die ganz theozentrische Ausrichtung auf Gott, wie er in den seelischen Regungen sich mitteilt und in den inneren wie in allen Dingen gefunden werden kann.»[321] Dieses Wort des Psychologen Albert Görres weist auf zwei Werte dieser Besinnung hin: Sie sucht die Ausrichtung des Alltags auf Gott und sie wird dadurch zu einer wesentlichen Hilfe für das «Gott suchen in allen Dingen». Dadurch wird die in den Exerzitien grundge-

legte Disposition zum allumfassenden Dienst vor Gott immer neu erweckt und alles Tun in den Horizont des Willens Gottes und seines Dienstes gestellt.
Ignatius hält diese Übung für so wertvoll und wichtig, daß er einmal sagt, ein Jesuit, der sie unterlasse, verdiene kein Mittagessen. In den Geistlichen Übungen gibt er dafür eine methodische Anweisung in fünf Punkten:
«Der erste Punkt besteht darin, Gott unserem Herrn Dank zu sagen für die erhaltenen Wohltaten.
Der zweite: Gnade erbitten, die Sünde zu erkennen und von sich zu werfen.
Der dritte: Von der Seele Rechenschaft zu fordern: angefangen von der Stunde des Aufstehens bis zur gegenwärtigen Prüfung, von Stunde zu Stunde oder von Zeitabschnitt zu Zeitabschnitt; und zwar zuerst über die Gedanken, dann über die Worte und anschließend über die Werke.
Der vierte: Gott unseren Herrn um Verzeihung bitten wegen der Verfehlungen.
Der fünfte: Sich mit seiner Gnade Besserung vornehmen. Vaterunser.»[322]
Ignatius läßt die Übung mit der Danksagung beginnen. Das rückt sie ganz in den Horizont der Liebesbetrachtung am Ende der Exerzitien. Er will den starken Akkord, der dort angeschlagen wurde, in den Alltag hinein fortklingen lassen. Nicht das Ich des Menschen, sondern das Du Gottes, das uns in Jesus Christus begegnet, steht in der Mitte: Der Mensch soll sich innerlich der im Heute erhaltenen Wohltaten Gottes bewußt werden und in dieser Einsicht Dank sagen. Wenn Ignatius hier der Danksagung den ersten Platz gibt, wird ein Grundzug seiner geistigen und geistlichen Biographie sichtbar. Für seine Dankbarkeit den Menschen gegenüber zeugen viele seiner Briefe. Aber noch mehr ist er ein Dankbarer vor

seinem Gott, wie vor allem das Tagebuch zeigt. Darum will er auch den Jünger täglich neu zu solcher Dankbarkeit führen.

In seinem Geist sagt darum Nadal: «Ein Teil des Gebetes besteht darin, daß wir Gott unserem Herrn Dank sagen für all seine Wohltaten, allgemeine oder ganz persönliche, die wir aus seiner göttlichen Hand für uns und all die anderen empfangen haben. Und das muß ganz selbstverständlich sein und soll aus einer tiefen Erkenntnis seiner Wohltaten und aus einem dankbaren Herzen Gott gegenüber kommen – in ihm auch dankbar gegenüber allen vermittelnden Ursachen, durch die uns Gott der Herr die Gaben zukommen ließ, dankbar in aufrichtiger Demut, in dem Gedanken, daß wir unwürdig sind der großen Gaben, unwürdig auch, seine große göttliche Huld und Güte zu preisen. In diesem Dank sollen wir uns in Bereitwilligkeit und Demut Gott unserem Herrn anbieten zu seinem Dienst, nicht nur um der Wohltaten willen, sondern weil es zu seiner größeren Ehre und zu seinem Lobe ist.»[323]

Erst nachdem man sich Zeit genommen hat für diese umgreifende Danksagung, richtet sich der Blick auf das eigene Ich, in voller Entsprechung zur Betrachtung der Liebe oder des Gesprächs mit dem Gekreuzigten aus der Ersten Woche: «Was hat Christus für mich getan? Was habe ich für ihn getan?» Und noch einmal kommt auch hier Gottes Wirken ins Spiel: Die Selbsterkenntnis wird von der Gnade erbeten. Im Licht Gottes soll ich mir Rechenschaft geben über mein Tun und Lassen an diesem Tag. Dabei geht es keineswegs nur um die Frage nach der Sünde. Die Prüfung umgreift vielmehr das ganze Tun. Was hat mich heute besonders bewegt? Welche Motive haben mich bestimmt? Wie habe ich meine Berufspflichten erfüllt? Wie bin ich mit den Mitmenschen umge-

gangen? Wo habe ich Gelegenheiten zum Guten verpaßt? War ich hellhörig für den Anruf Gottes, der im Anruf der Stunde an mich ergangen ist? Alle Fragen der Prüfung stehen im Horizont des «Gott suchen in allen Dingen», kommen von ihm her und richten sich nach ihm aus.
Ebenso ist die Bitte um Verzeihung wieder ganz auf Gott hin orientiert: Von ihm erhoffe ich das gnädige Erbarmen für mein Versagen, die Läuterung des Herzens. Selbst die Besserung, von der im letzten Punkt die Rede ist, wird «mit seiner Gnade» versprochen. Dabei geht es um mehr als um einen einfachen Vorsatz: Wie der Rückblick am Anfang das unmittelbar Vergangene beleuchtete, so will der Ausblick am Schluß das Kommende auf Gott ausrichten und dafür seine Hilfe erbitten.
Richtig verstanden und verwirklicht will diese Übung der «Gewissensprüfung» die habituelle Richtung auf Gott und seinen Dienst voll ins Bewußtsein rücken und sie damit vertiefen. Sie ist darum die wichtigste Gebetshilfe zum «Gott suchen in allen Dingen».

Durch ständige Übung

Als dritte Hilfe auf dem Weg zu einem fruchtbaren «Gott suchen in allen Dingen» bietet sich die direkte Einübung an. «Übung» ist ein methodisches Grundwort des Ignatius, eng verbunden mit seiner gesamten Ausrichtung auf das Tun. Es bestimmt die Exerzitien, die sich ja in einer Vielzahl von einzelnen Übungen vollziehen und damit eine fundamentale Disposition, nämlich die Bereitschaft des vorbehaltlosen Ja zum Willen Gottes in der Nachfolge Jesu Christi, reifen lassen. Ähnlich spricht er in den Satzungen von geistlichen

Übungen, von Übungen zur Hilfe für den Nächsten. Durch die bewußte und gezielte Wiederholung von einzelnen Akten reift eine Haltung, die sich wieder in Akten ausdrückt.
Zu solchem Einüben des «Gott suchen in allen Dingen» gehört die regelmäßige Sammlung im Sinn der Einkehr ins eigene Innere vor dem Angesicht Gottes. Selbst der Ignatius der reifsten Mystik schreibt einmal an Simon Rodrigues: «Ich suche mich jede Stunde innerlich zu sammeln, wie ich mir denke, daß in wichtigen Geschäften die guten Engel sich immer ihr Ziel vor Augen halten, um die Absicht Gottes zu verwirklichen.»[324] In die gleiche Richtung weist ein anderes Wort des Ignatius: «Nichts tun von irgend einer Bedeutung, ohne daß wir zuvor durch eine besondere Rückkehr zu Gott und eine wenigstens kurze Erhebung des Geistes von Gott Rat erflehen als vom besten und weisesten Vater.»[325]
In seinen «Responsa» erzählt P. Manare für diese Übung der Sammlung und der Ausrichtung des Tuns auf Gott ein treffliches Beispiel: «Als ein Pater sich einst bei Ignatius beklagte, daß er von Auswärtigen so oft an die Pforte gerufen werde und dies ihn von der inneren Vereinigung mit Gott abziehe und zerstreue, erwiderte der Vater: Er solle jene, die zu ihm kämen, um geistlichen Trost und Hilfe zu suchen, stets mit großer Liebe aufnehmen. Werde er gerufen, so solle er sich zuvor auf dem Weg durch kurzes Gebet zu Gott erheben und ihn bitten, er möge sich würdigen, der betreffenden Seele durch seine Vermittlung zu helfen. Dann aber solle er alle Gedanken und Worte darauf richten, dem Besucher im Herrn nützlich zu sein. Auf diese Weise werde er nicht nur keinen Schaden, sondern Nutzen davontragen. Daß er in solchen Fällen nicht so gesammelt sein könne, wie sonst, möge ihn nicht beunruhigen, da eine Zerstreuung, die man um Gottes willen auf sich nehme, keinen Schaden bringe.»[326]

In den Exerzitien lehrt Ignatius eine Methode, die zum fruchtbaren Einüben des «Gott suchen in allen Dingen» werden kann. Er nennt sie, leicht mißverständlich und deshalb auch vielfach mißverstanden, die «besondere Prüfung» (Partikularexamen). In Wahrheit handelt es sich dabei um das planmäßige und kontrollierte Bemühen um ein konkretes Einzelziel des geistlichen Lebens. Da der Mensch in seiner Begrenztheit nie die gesamte Breite seines Lebens und seines geistlichen Bemühens im vollen Bewußtsein zu halten vermag, greift er aus einem geistlichen Gesamtprogramm, wie es ihm z.B. die Exerzitien vermittelt haben, systematisch einzelne besondere Zielpunkte heraus, um sich ihnen mit voller Wachheit zuzuwenden. Das Bemühen um ein solches Einzelziel, etwa die Überwindung eines Fehlers, die Aneignung einer Haltung, bildet dabei den Schwerpunkt. Die Kontrolle durch Prüfung und Vorsatz dient nur als Mittel zum vollen Ernstnehmen dieses Bemühens: Am Morgen soll das für einige Zeit vorgesteckte Einzelziel als Aufgabe ins Bewußtsein gehoben werden. Am Mittag und Abend wird über diesen Punkt Rechenschaft gegeben, ähnlich wie bei der allgemeinen «Gewissensprüfung».
Diese Methode kann nun in fruchtbarer Weise zum Einüben des «Gott suchen in allen Dingen» angewendet werden. Es wird dabei zum Beispiel einer der vier genannten Schritte, die das Ganze dieses geistlichen Weges bilden, herausgegriffen und zum Gegenstand der «besonderen Prüfung» gemacht: Ich bemühe mich etwa durch einige Zeit hindurch, die Haltung des Glaubens im Sinn des ersten Schrittes mit besonderer Aufmerksamkeit zu pflegen. Oder ich mache mir das wache Fragen nach dem Willen Gottes im Alltag zur Aufgabe und besinne mich vor jedem neuen Tun darauf, was hier und jetzt Gott von mir will, um dann das Ja der Hingabe zu spre-

chen und zu leben. Oder ich frage mich während einer weiteren Phase nach den Absichten, die mich und mein Tun an diesem Tag bestimmen, um die unlauteren zu überwinden und die gültigen tiefer zu pflegen. Oder ich versuche während einer längeren Zeit, die Haltung des «amor reverencial», der ehrfürchtig dienenden Liebe, im Sinn des vierten Schrittes einzuüben.
Die Erfahrungen, die man bei diesem aufgeteilten und gezielten Bemühen macht, können zu noch konkreteren und in ihrer Tiefenwirkung auch fruchtbareren Formen solcher Einübung führen. Wenn nicht besondere Schwierigkeiten und Aufgaben eine andere Weise der «besonderen Prüfung» nahelegen, dürfte sich diese Methode schwerpunktmäßig auf das «Gott suchen in allen Dingen» konzentrieren. Durch Aktuierung einzelner Teilmomente will sie eine habituelle Ausrichtung vertiefen und verstärken. Denn der Weg bis zum vollen, zur Grundhaltung des Lebens gewordenen «Gott suchen in allen Dingen» ist weit und schwer. Doch sein Ziel ist so erhaben und heilig, daß sich alle Anstrengung des Übens lohnt. Daß solches Einüben in all seinen Schritten stets vom Gebet begleitet und getragen sein soll, ähnlich wie bei der allgemeinen «Gewissensprüfung», ist selbstverständlich.

Das Zusammenspiel von Gott und Mensch

Bei diesen Fragen nach Hilfen für das «Gott suchen in allen Dingen» wurde auf der einen Seite die Gnade Gottes, auf der anderen das eigene Bemühen des Menschen genannt. Diese Zweiteilung könnte aber zu einem Mißverständnis führen: als ob in der Gnade Gott allein und beim Bemühen der

Mensch allein handeln würde. Abgesehen davon, daß eine solche Aufteilung des Handelns einer gültigen Theologie von göttlicher Gnade und menschlichem Mitwirken widerspräche, würde darin auch Ignatius völlig falsch verstanden. Gott und Mensch wirken bei allem geistlichen Tun – auf verschiedenen Ebenen – in untrennbarer Einheit zusammen.

Für dieses Zusammenwirken erwähnt der ungarische Jesuit Gabriel Hevenesi ein interessantes Wort des Ignatius. In seinem Buch «Scintillae Ignatianae» hat er kurze Leitsätze für jeden Tag des Jahres zusammengestellt. In ungezählten Auflagen der ursprünglichen lateinischen Fassung von 1705 und in noch mehr Übersetzungen wurden sie weit verbreitet. Unter dem 2. Januar wird darin als Wort des Ignatius zitiert: «Haec prima sit agendorum regula: sic Deo fide, quasi rerum successus omnis a te, nihil a Deo penderet; ita tamen iis operam omnen admove, quasi tu nihil, Deus omnis sit facturus.» In einer deutschen Ausgabe von 1888 (Paderborn) lautet der Satz: «Dieses sei die erste Regel allen Tuns: vertraue so auf Gott, als hinge der Erfolg der Dinge ganz von dir, nicht von Gott ab; verwende jedoch auf dein Werk so sehr alle Mühe, als wenn du nichts könntest, Gott aber alles tun würde.»

Nun findet sich dieses Wort freilich weder in der von Hevenesi genannten Quelle, nämlich der Ignatiusbiographie des Bologneser Jesuiten Carnoli (der seinen Namen unter dem Anagramm Nolarci verbirgt), noch irgendwo im heute bekannten Schrifttum des Ignatius selber. In seiner Formulierung ist das Wort eindeutig von Hevenesi geprägt. Gegen die scheinbare Widersprüchlichkeit des Satzes erhob sich später Einspruch, und es wurde das Wort in die vermeintlich richtigere Fassung abgeändert: «Vertraue so auf Gott, als ob aller Erfolg der Dinge nicht von dir, sondern allein von Gott abhinge; wende jedoch allen deinen Fleiß so auf dein Werk an, als wenn Gott nichts, sondern du allein alles tun würdest.» (Regensburg 1841) Trotz der leichteren Verständlichkeit kehrt die erstgenannte, schwierigere Fassung doch weitaus häufiger in den Ausgaben der «Scintillae» von mehr als zwei Jahrhunderten wieder.

Daß nur die ursprüngliche Fassung der Gnadentheologie des Ignatius gerecht wird, haben Hugo Rahner und Gaston Fessard überzeugend nachgewiesen. «Die erste Form der Sentenz, so unverständlich sie zunächst sein mag, ist nur eine zwar kunstvolle, aber in ihrem Sinn durchaus zutreffende Umschreibung dessen, was wir die Dialektik der ingatianischen Theologie nennen. ... Er will sagen, man müsse sich bei aller Mitarbeit dennoch immer bewußt bleiben, daß Gott alles tut, und man darf auch beim höchsten Gottvertrauen nicht darauf vergessen, selber mitzutun. ... Das typisch Ignatianische besteht darin, daß man alles Eigene einsetzen muß, aber im Mittun muß man innerlich so frei bleiben, daß man doch alles in die Hände Gottes gibt.» (H. Rahner) [327]

«Um es mit einem anderen Wort noch einmal zu sagen: Er [Ignatius] will, daß seine Söhne so auf Gott vertrauen, als ob alles auf unser Werk ankäme, genauer: gerade in der scheinbaren Torheit des völligen Vertrauens auf Gott sich angetrieben fühlen, nun auch von sich aus mitzutun. Und umgekehrt: mitten in der menschlich klugen Mitarbeit nie der göttlichen Klugheit vergessen, genauer: immer wieder zurückkehren in die innere Freiheit von allem Mittun, sozusagen den Kreislauf des von Gott angeregten und unterstützten Mittuns zurückkehren zu lassen in die ‹Ruhe des Ausgangs von Gott›.» [328]

Noch bleibt die Frage nach der Quelle des Wortes aus den «Scintillae». Carnoli beruft sich auf Pedro Ribadeneira in seinem Werk «De ratione S. Ignatii in gubernatione». Dort

findet sich das Axiom der «Scintillae» zwar nicht im Wortlaut, sondern Ribadeneira gibt ein Zeugnis des Ignatius wieder: «Der Herr habe ihn schon dreißig Jahre früher gelehrt, auch in Sachen des göttlichen Dienstes alle erlaubten Mittel anzuwenden, aber seine Hilfe nicht darauf zu bauen.» Hier spricht Ignatius einfach den Primat des Gottvertrauens aus. Näher beim Wort der «Scintillae» liegt eine andere Aussage des Ribadeneira: «In den Dingen, die er [Ignatius] für den Dienst Gottes unternahm, bediente er sich aller menschlichen Mittel, um zum Ziel zu gelangen, mit solcher Sorge und solchem Nachdruck, ob ob davon der Erfolg abhinge; und in solcher Weise vertraute er auf Gott und verließ sich auf seine göttliche Vorsehung, als ob alle anderen, menschlichen Mittel, deren er sich bediente, ohne irgendwelche Kraft wären.»[329] Bei näherem Zusehen entpuppt sich dieser Satz aber als Grundlage für die spätere, vereinfachte Form des Wortes aus den «Scintillae», wie Ribadeneira auch in anderen Dingen Ignatius unverstanden «vereinfacht» hat.
Nun gibt es aber einen Brief des Ignatius selber, der das Wort Hevenesis in seiner ursprünglichen dialektischen Spannung umschreibt. Er ist mit dem Datum des 17. September 1555 an Franz Borja, damals Generalkommissar des Ordens in Spanien, gerichtet und befaßt sich mit der materiellen Sorge um das Römische Kolleg. Im ersten Abschnitt schreibt Ignatius: «Im Hinblick auf Gott unseren Herrn, auf den ich nach seinem Willen in allen Dingen das Auge gerichtet haben soll, halte ich es für verkehrt, auf irgendwelche Mittel und Bemühungen in sich allein Vertrauen und Hoffnung zu setzen; und weil ich es ferner ebenso nicht für einen sicheren Weg halte, alles dem Vertrauen auf Gott zu überlassen, ohne mich der Mittel zu bedienen, die er mir gegeben hat, so scheint es mir in unserem Herrn, daß ich beides ganz benützen soll, indem

ich in allem seine größere Ehre und Verherrlichung und nichts anderes suche.»[330]
Das ist, ausführlicher und darum auch genauer, die genuine Deutung des Ignatiuswortes bei Hevenesi: Gnade Gottes und Tun des Menschen stehen nicht wie zwei Kräfte nebeneinander, sondern sie werden, von zwei verschiedenen Ebenen her, zur unauflöslichen Einheit in ständiger Spannung.
Wenn deshalb zu Anfang dieses Kapitels die Rede war von der göttlichen Gnade, die erst das «Gott suchen in allen Dingen» ermöglicht, so ist von dieser Gnade schon das ganze Mittun des Menschen aufgerufen: Er darf nicht einfach in einem praktischen Quietismus sein Vertrauen auf Gott setzen, vielmehr heißt ihn dieses Vertrauen die eigenen Hände zu rühren. Umgekehrt muß alles menschliche Bemühen, um sich für das «Gott suchen in allen Dingen» zu bereiten, ganz durchdrungen sein vom Vertrauen auf Gott und getragen vom demütigen Wissen: Man handelt immer nur als mitwirkender «Partner» Gottes und deshalb ist schließlich alles, auch das menschliche Mittun Gnade. Darum schließt das Hingabegebet aus der Liebesbetrachtung der Exerzitien: «Gib mir nur deine Gnade und Liebe, das ist mir genug.»
«Gott suchen in allen Dingen» fordert den ganzen Einsatz des Menschen und ist doch ganz Gnade: unvermischt und untrennbar sind sie miteinander verbunden.

SCHLUSSWORT

Der mystische Weg des Ignatius von Loyola vollendet sich in der dauernden «Vertrautheit mit Gott in allem Tun des Lebens». Die ständige Vereinigung mit seinem «Schöpfer und Herrn» wirkt sich aus im «amor reverencial», in der dienenden Liebe. Alle hohen mystischen Gnaden, vom Schauen des Dreifaltigkeitsmysteriums über die Vision von La Storta, da er «dem kreuztragenden Christus zugesellt» wird, hin zur durchleuchteten Gestalt der irdischen Kirche und bis zur Transparenz, in der alle irdischen Dinge zusammengeschaut werden in ihrem göttlichen Urgrund und Urziel: all diese Gnaden drängen hin und vollenden sich zur Einheit einer Mystik des Dienstes: «Gott finden und ihm liebend dienen in allen Dingen». Die unverlierbare Klarheit der Gnade vom Cardoner, die feste Sicherheit der Christusgemeinschaft von La Storta, die trostreichen Erfahrungen, die im Tagebuch bezeugt werden, sind ihm nur Hilfen zu diesem alles umgreifenden und durchformenden Dienst vor dem Dreifaltigen Gott in Jesus Christus zur werkzeuglichen Mitarbeit am Heil der Welt. Mystik des Dienstes: das ist im innersten Kern Leben und Wirken des Ignatius.

In der ihm geschenkten Mystik wurzelt deshalb auch seine geistliche Lehre, die in voller Entsprechung eine Spiritualität des Dienstes ist. Ihre Grundformel aber heißt: Gott suchen und finden und dienend lieben in allen Dingen.

So zeitbedingt vieles in seinem Leben ist und so zeitgebunden manches seiner Worte klingt, hier kommt seine überzeitliche Sendung zur Sprache. Im «Gott suchen in allen Dingen» hat nicht nur der Orden des Ignatius für alle Zeiten seine geistliche Lebensmitte. Dieser Weg kann und will in befreiender Weise den Dienst an der Welt, zu dem die große Mehrzahl aller Christen verpflichtet ist, zum Gottesdienst einer «Alltagsliturgie» formen.

Wie alle Worte, die Ignatius geschrieben hat, zum Tun führen wollen, so möchten auch alle Seiten dieses Buches Hilfe zum Leben sein. Sie wollen nicht nur gelesen, sondern getan werden.

LEBENSDATEN

1491	Iñigo López de Loyola auf Schloß Loyola geboren
1506–1516	In Arévalo am Hof des königlichen Großschatzmeisters Juan Velásquez de Cuellar
1517–1521	Im Dienst des Antonio de Manrique de Lara, Herzog von Nájera und Vizekönig von Navarra
1521	20. Mai schwere Kriegsverwundung bei der Verteidigung der Zitadelle von Pamplona
1521–1522	Krankenlager – Bekehrung
1522	21.–25. März auf dem Montserrat, Lebensbeichte und «Ritterwacht»
1522–1523	Aufenthalt in Manresa – Urform der Exerzitien
1523	Pilgerfahrt ins Heilige Land
1524–1528	Studien in Barcelona, Alcalá und Salamanca
1528–1535	Studium der Philosophie und Theologie in Paris
1535	Reise in die Heimat, Besuch von Familien seiner Freunde
1536	Venedig – Studium der Theologie
1537	8. Januar Ankunft der zehn Gefährten aus Paris
	24. Juni Priesterweihe des Ignatius und mehrerer aus dem Freundeskreis
	Mitte November Ignatius mit Peter Faber und Diego Laínez nach Rom
1538	Ostern Ankunft der andern Gefährten in Rom, apostolische Arbeiten
1538	zwischen 18. und 23. November Übergabe an den Papst
1539	Mitte Fastenzeit bis 24. Juni Beratungen des Freundeskreises über seine Zukunft
	15. April Besiegelung des Entschlusses zur Ordensgründung
1540	27. September Bestätigung der «Gesellschaft Jesu» durch Paul III. mit der Bulle «Regimini Militantis Ecclesiae»
1541	2.–19. April Wahl des Ignatius zum ersten Obern

1541	22. April Profeßfeier in St. Paul vor den Mauern
1544	Fragment des Geistlichen Tagebuchs
1548	31. Juli Päpstliche Approbation der Geistlichen Übungen
1553/55	Ignatius erzählt dem P. da Câmara die Geschichte seines Lebens, «Bericht des Pilgers»
1556	31. Juli Ignatius stirbt in der Morgenfrühe
1622	12. März Heiligsprechung durch Gregor XV. zusammen mit Franz Xaver, Teresa von Avila und Philipp Neri

QUELLEN UND LITERATUR

Die Quellen

(vgl. dazu Einführung S. 30ff.)

Alle Quellen zum Thema dieses Buches finden sich in den MONUMENTA HISTORICA SOCIETATIS JESU (MHSI).

Die MONUMENTA IGNATIANA (MI) bilden darin die wichtigste Gruppe; sie gliedern sich in vier Series:

Series I: *«S. Ignatii Epistolae et Instructiones»*
Die Ausgabe der Briefe und Instruktionen war 1911 in zwölf Bänden abgeschlossen.

Series II: *«Exercitia Spiritualia»* enthält in zwei Bänden den Text der Exerzitien und die alten Direktorien.

Series III: *«Constitutiones Societatis Jesu»* gibt mit vier Bänden Einblick in die Redaktionsgeschichte der Ordenssatzungen.
Band 1: Die Vorgeschichte
Band 2: Die Textgeschichte des spanischen Originals
Band 3: Die offizielle lateinische Fassung
Band 4: Die verschiedenen Ämter- und Gruppenregeln

Series IV: *«Scripta de S. Ignatio»:* zwei Bände Zeugnisse über Ignatius; seit 1943 kritisch überarbeitet und erweitert in vier Bänden der *«Fontes Narrativi»*.

Eine zweite Gruppe der MHSI bilden die Bände mit Briefen und anderen Dokumenten der ersten Jesuiten aus dem Pariser Freundeskreis und der wichtigsten Mitarbeiter des Ignatius. Für die vorliegende Arbeit sind von Bedeutung:

«Epistolae et Monumenta P. Hieronymi Nadal» – Die ersten vier Bände waren 1905 abgeschlossen; ein fünfter Band veröffentlichte 1962 in kritischer Überarbeitung die *«Commentarii de Instituto SJ»* Nadals; 1964 erschienen in separater Ausgabe seine *«Orationis Observationes»*.

P. Juan de Polanco «Chronicon Societatis Jesu». – Nach seiner Ablösung als

Sekretär des Ordens begann Polanco 1573 eine Art Ordensgeschichte, die in sechs Bänden der MHSI herausgegeben wurde. Für unsere Arbeit ist der erste Band bis zum Tod des Ignatius von Bedeutung.

Textausgaben

An deutschen Ausgaben ignatianischer Texte aus dem MHSI liegen vor:

Die Exerzitien

– Hans Urs von Balthasar, Die Exerzitien. Johannes-Verlag, Einsiedeln ²1954.

– Adolf Haas SJ, Geistliche Übungen. Herder, Freiburg (mit einem Kommentar zu den Anmerkungen) ³1975.

– Peter Knauer SJ, Geistliche Übungen und erläuternde Texte. St. Benno Verlag, Leipzig 1978. Styria, Graz-Wien 1978.

Für die vorliegende Arbeit wurde die Ausgabe von A. Haas benützt.

Der Bericht des Pilgers, übersetzt und erläutert von Burkhart Schneider SJ. Herder, Freiburg ³1977.

Das geistliche Tagebuch, herausgegeben von Adolf Haas SJ und Peter Knauer SJ. Herder, Freiburg 1961.

Geistliche Briefe, eingeführt und herausgegeben von Hugo Rahner SJ. Benziger, Einsiedeln ²1956.

Die Briefzitate sind (neben eigenen Übersetzungen) dieser Ausgabe entnommen.

Gekürzte Ausgabe mit neuer Einführung von Paul Imhof unter dem Titel «Trost und Weisung». Benziger, Einsiedeln 1979.

Briefwechsel mit Frauen, übersetzt und kommentiert von Hugo Rahner SJ. Herder, Freiburg 1956.

Satzungen der Gesellschaft Jesu, herausgegeben von Peter Knauer SJ, als Manuskript gedruckt. Frankfurt ⁴1980.

Literatur

HUGO RAHNER SJ, Ignatius von Loyola und das geschichtliche Werden seiner Frömmigkeit. Anton Pustet, Graz-Salzburg ² 1949.

HUGO RAHNER SJ, Ignatius von Loyola als Mensch und Theologe. Herder, Freiburg 1964.

Sammlung aller bedeutenden Artikel H. Rahners über Ignatius 1935–1962.
KARL RAHNER, PAUL IMHOF, HELMUTH NILS LOOSE, Ignatius von Loyola. Herder, Freiburg 1978.
FRIEDRICH WULF SJ, Ignatius von Loyola, Seine geistliche Gestalt und sein Vermächtnis. Echter, Würzburg 1956.
JOSEPH de GUIBERT SJ, La Spiritualité de la Compagnie de Jésus. Rom 1953.
MIGUEL NICOLAU SJ, Jeronimo Nadal, Obras y doctrinas espirituales. Madrid 1949.
ARCHIVUM HISTORICUM SOCIETATIS JESU
Halbjahreszeitschrift des Institutum Historicum SJ. Rom, seit 1933.

NACHWEISE

Abkürzungen

MI	=	Monumenta Ignatiana Die erste (römische) Ziffer bezeichnet jeweils die Series, die zweite (arabische) den Band, die dritte die Seitenzahl.
Nadal	=	Epistolae et Instructiones P. Hieronymi Nadal Römische Ziffer bezeichnet den Band (I–V).
Orat. Observ.	=	Orationis Observationes P. Hieronymi Nadal Ziffern bezeichnen die Nummern, mit denen die MHSI die einzelnen Eintragungen versahen.
Ex.	=	Exerzitien Ziffern bezeichnen die von den MHSI eingeführte durchlaufende Numerierung.
BP	=	Bericht des Pilgers Ziffern bezeichnen beim Bericht die Nummern, für die Einleitung die Seiten.
Satzungen	=	Satzungen der Gesellschaft Jesu Zur Zitation wird die von Ignatius eingeführte Methode verwendet, da sie die Zitate in den Kontext stellt: Römische Ziffern (I–X) bezeichnen den Teil, erste arabische Ziffer das Kapitel, zweite arabische Ziffer die innerhalb des Kapitels fortlaufende Nummer. Diese Zitationsweise wird der seit einiger Zeit gebräuchlichen durchgehenden Numerierung vorgezogen, da sie den genauen Standort der Zitate angibt (Teile und Kapitel).

[1] H. Rahner, Mensch und Theologe, 53
[2] H. Rahner, Briefwechsel mit Frauen, 1
[3] Exerzitien n. 234
[4] MI IV 1, 99 f.
[5] Nadal V 602
[6] Zit. bei Leturia, El Gentilhombre Iñigo López des Loyola, 70
[7] BP n. 7
[8] BP n. 11
[9] vgl. Walter Baier, Untersuchungen zu den Passionsbetrachtungen in der Vita Christi des Ludolf von Sachsen, Salzburg 1977
[10] FN I 776; Rahner, Mensch und Theologe, 414
[11] K. Rahner, Die Logik der existentiellen Erkenntnis, in Wulf, Ignatius von Loyola, 347
[12] Leo Bakker, Freiheit und Erfahrung, Würzburg 1970, 309
[13] ebd. 15
[14] BP n. 99
[15] BP S. 34
[16] BP S. 38
[17] O. Karrer, Ignatius von Loyola, Geistliche Briefe und Unterweisungen, Freiburg 1922
H. Rahner, Geistliche Briefe, Einsiedeln ²1956
H. Rahner, Briefwechsel mit Frauen, Freiburg 1956
[18] BP n. 10
[19] BP n. 11
[20] BP n. 18
[21] BP n. 19
[22] BP n. 20
[23] BP n. 21
[24] BP n. 19
[25] BP n. 20
[26] BP n. 21
[27] BP n. 22
[28] BP n. 22
[29] BP n. 23
[30] BP n. 23
[31] BP n. 24
[32] BP n. 24
[33] BP n. 25
[34] BP n. 27
[35] BP n. 21
[36] BP n. 28
[37] BP n. 29
[38] BP n. 29
[39] BP n. 29
[40] BP n. 29
[41] BP n. 30
[42] BP n. 31
[43] FN I, 307
[44] P. de Leturia, Estudios Ignacianos II, Rom 1957, 14 f.
[45] BP n. 41
[46] BP n. 44
[47] BP n. 48
[48] BP n. 94
[49] MI I 1, 124
[50] BP n. 95
[51] MHSI, Polanco, Chronicon I 72 f.
[52] BP n. 96
[53] BP n. 96
[54] Tagebuch 170
[55] BP n. 96
[56] FN II 133
[57] BP n. 99
[58] BP n. 99
[59] BP n. 100

[60] Exerzitien n. 183
[61] Nadal IV 645
[62] Nadal IV 645
[63] Nadal IV 651
[64] Nadal IV 651
[65] FN I 471
[66] FN I 97
[67] Nadal IV 651
[68] FN I 82
[69] Nadal IV 651
[70] Maurice Giuliani, Introduction au Journal Spirituel, D. D. B., 30 f. Adolf Haas – Peter Knauer, Das Geistliche Tagebuch, 86–94
[71] MI I 1,667, Geistliche Briefe 340
[72] ebd.
[73] Exerzitien nn. 101–109
[74] H. Rahner, Mensch und Theologe 310
[75] Exerzitien nn. 317, 318
[76] BP n. 99
[77] «Vom Ruf des Königs», Exerzitien n. 98
«Zwei Banner», Exerzitien n. 145
[78] MI III 1,79
[79] Examen Generale IV, 44
[80] Satzungen X 1
[81] Satzungen IX 2,5
[82] Satzungen III 1,26
[83] Satzungen IV 1,1
[84] Satzungen V 3,3 und 4,2
[85] MI I 1,628
[86] MI I 1,98
[87] A. Haas, Die Gegenwart Christi in allen Dingen, Unveröffentlichtes Vortragsmanuskript 4
[88] Exerzitien n. 95
[89] MI II 2,669
[90] Exerzitien n. 98
[91] Exerzitien n. 105
[92] H. Rahner, Mensch und Theologe 284
[93] Exerzitien n. 53
[94] Exerzitien n. 91
[95] Exerzitien n. 135
[96] Exerzitien n. 139
[97] Exerzitien n. 167
[98] MI II 2,527
[99] MI I 1,502; Geistliche Briefe 151
[100] BP n. 69
[101] MI I 1,297; H. Rahner, Mensch und Theologe 433
[102] Exerzitien n. 344
[103] BP n. 26
[104] BP n. 50
[105] BP n. 85
[106] MI III 1,26
[107] Exerzitien n. 145
[108] H. Rahner, Mensch und Theologe 86
[109] Exerzitien n. 147
[110] Exerzitien n. 148
[111] Exerzitien n. 156
[112] Exerzitien n. 159
[113] Exerzitien n. 168
[114] Exerzitien n. 199
[115] BP n. 96
[116] FN II 133
[117] FN I 307
[118] Exerzitien n. 353
[119] Exerzitien n. 365
[120] FN I 582
[121] MI I 1,106
[122] Exerzitien n. 170
[123] MI I 8,463 f.

[124] Nadal, Orat. Observ. zit. bei M. Nicolau 258
[125] BP n. 85
[126] MI III 1,162
[127] Satzungen VII 1,1
[128] Satzungen V 3,3 C
[129] FN II 172
[130] MI I 12,243
[131] FN I 264
[132] Nadal IV 618
[133] Obras Completas 669
[134] B. Schneider, Die Kirchlichkeit des Ignatius von Loyola in Sentire Ecclesiam, Freiburg 1961, 300
[135] MI I 5,221
[136] BP n. 1
[137] BP n. 19
[138] BP n. 4
[139] BP n. 6
[140] FN I 156
[141] BP n. 8
[142] BP n. 12
[143] BP n. 29
[144] Exerzitien n. 116
[145] Examen Generale IV 44
[146] Exerzitien n. 23
[147] Exerzitien n. 23
[148] MI I 2,481, Geistliche Briefe 174
[149] Satzungen X 1–3
[150] H. Rahner, Geistliche Briefe 43
[151] K. Rahner, Die ignatianische Mystik der Weltfreudigkeit ZAM 12 (1937) 121–137, Zitat 134
[152] BP n. 99
[153] Laínez, FN II 137
[154] Nadal IV 651
[155] Nadal IV 645
[156] Exerzitien n. 322
[157] Memoriale, FN I 241
[158] FN I 515
[159] Großer Entschluß 11 (1955/56) 344
[160] BP n. 30
[161] FN I 81 f.
[162] Chronicon I 20
[163] Nadal IV 652
[164] Zit. von Sacchini, Prooemium zur Historia Soc. Jesu, Köln 1621, 2
[165] Zit. bei Leturia, Génesis de los Exercicios AHSI 1941, 46
[166] Nadal IV 690
[167] FN I 473
[168] ebd.
[169] FN I 609
[170] Zit. von Sacchini l.c.
[171] FN I 81 f.
[172] Zit. bei M. Nicolau, Jerónimo Nadal 148–151
[173] FN II 137
[174] Nadal V 162
[175] Nadal IV 652
[176] Exerzitien n. 233
[177] W. Löser, Konturen zur ignatianischen Spiritualität GuL 51 (1978) 261–269
[178] H. Rahner, Mensch und Theologe 310
[179] ebd. 311
[180] K. Rahner, Betrachtungen zu den ignat. Exerzitien, Kösel, 271 f.
[181] Nadal IV 670
[182] MI III 1,19
[183] Nadal IV 652
[184] Satzungen III 1,26
[185] Satzungen IV 4,2

[186] Mon. Paedag. S. 59, n. 16
[187] Satzungen IV 6,1
[188] MI III 4,490
[189] Nadal V 96
[190] FN I 278
[191] FN I 279
[192] Satzungen VI 3,1
[193] Satzungen IX 2,1
[194] Satzungen X 2
[195] ebd.
[196] Satzungen X 3
[197] Satzungen III 1,22
[198] ebd. Decl. T
[199] Examen Generale I 3
[200] Examen Generale IV 12
[201] Satzungen VI 2,2
[202] Satzungen VI 1,1
[203] Satzungen III 1,23
[204] Satzungen III 1,24
[205] Examen Generale IV 29
[206] Satzungen VII 2,1
[207] Satzungen VII 2,1
[208] Satzungen VII 2 Decl. A
[209] Satzungen VII 2 Decl. C
[210] ebd. Decl. F
[211] Satzungen III 1,4
[212] BP n. 54, 55
[213] BP n. 87
[214] FN I 169
[215] MI I 1,457–460, Geistliche Briefe 143–158
[216] MI 3,303/4 Geistliche Briefe 200–204
[217] MI I 3,506–513, Geistliche Briefe 204–208
[218] MI I 2,233–237, Geistliche Briefe 160–165
[219] MI I 3,309
[220] MI I 2,494/5 u. 12, 632–654, Geistliche Briefe 177–188
[221] MI I 6,91 Geistliche Briefe 203 f.
[222] MI I 4,126 f. Geistliche Briefe 209 f.
[223] FN II 419
[224] Nadal III 737
[225] MI I 5,109
[226] Vorwort zu Nadal V 5
[227] Nadal I 1–25
[228] FN II 8
[229] Nadal IV 615
[230] Nadal IV 670
[231] Nadal IV 672–681, Zit. 672 H. u. K. Rahner, Über die Gnade des Gebets in der Gesellschaft Jesu, Mitteilungen aus den Deutschen Provinzen SJ 13 (1933–35) 399–411
[232] Nadal IV 651
[233] Nadal IV 675
[233a] Nadal V 95, 97
[234] Nadal V 96
[235] Nadal V 97
[236] Nadal IV 652
[237] Nadal IV 650
[238] Nadal IV 681
[239] Nadal IV 673
[240] Nadal IV 673
[241] Nadal Orat. observ. n. 735
[242] Nadal IV 674
[243] M. Nicolau, J. Nadal 324
[244] Nadal, Platicas de Coimbra 75–76, n. 14
[244a] Nadal V 137
[245] Nadal, Orat. observ. n. 308
[246] Nadal IV 682

[247] H. Rahner, Mensch und Theologe 216
[248] Brief an Antonio Brandão, MI I 3,499–503
[249] MI I 1,339–342
[250] Nadal IV 678
[251] Nadal, Orat. observ. nn. 694, 143, 249, 134, 43, 77
[252] Nadal IV 676
[253] MI I 12,252
[254] K. Rahner, Betrachtungen zu den ignat. Exerzitien 273
[255] Satzungen IX 3,20
[256] MI I 4, 669–681 Geistliche Briefe 245
[257] MI I 12, 659–662, n. 7 Geistliche Briefe 245
[258] Nadal IV 697
[259] Satzungen III 1,4
[260] Exerzitien n. 214
[261] H. Rahner, Mensch und Theologe 227
[262] MI I 1, 339 f.
[263] Exerzitien n. 1
[264] Exerzitien nn. 23, 135, 151, 152
[265] Exerzitien n. 155
[266] Exerzitien n. 180
[267] Exerzitien nn. 175, 176, 177
[268] Exerzitien n. 183
[269] D. Thalhammer, Großer Entschluß 11 (1955/56) 398
[269a] «Über die apostolische Verfügbarkeit», 19. Okt. 1977
[270] Nadal IV 636
[271] MI I 3, 502
[272] Exerzitien n. 16
[273] Exerzitien n. 46
[274] Exerzitien n. 169
[275] Exerzitien nn. 172, 174
[276] Exerzitien n. 189
[277] Exerzitien n. 338
[278] Satzungen III 1,26
[279] Satzungen X 2
[280] Satzungen IV 4,2
[281] Satzungen IV 6,1
[282] MI I 1, 495–510 Geistliche Briefe 156
[283] MI I 3, 499–503 Geistliche Briefe 203
[284] MI I 7, 268–270 Geistliche Briefe 283
[285] Satzungen VII 2,1
[286] MI I 12, 239–244 Geistliche Briefe 190
[287] MI I 10, 689–697 Geistliche Briefe 303
[288] MI I 6, 564–566 Geistliche Briefe 239
[289] BP S. 36
[290] FN I 447
[291] MI I 3, 502
[292] Exerzitien n. 184
[293] Examen Generale I 9
[294] Examen Generale IV 11
[295] Examen Generale IV 44
[296] Satzungen IV 16,4
[297] Satzungen VI 1,1
[298] Satzungen IX 2,2
[299] Satzungen III 1,26
[300] MI I 12, 674–676 Geistliche Briefe 110
[301] MI I 12, 239–244 Geistliche Briefe 190
[302] MI I 1, 342
[303] Nadal IV 681
[304] MI II 1,279

[305] Nadal, Orat. observ. n. 81
[306] Nadal IV 676
[307] MI I 1,510 Geistliche Briefe 157
[308] MI I 1,83
[309] MI I 1,107
[310] MI I 8, 583–585 Geistliche Briefe 292
[311] Exerzitien n. 179
[312] Examen Generale IV 46
[313] MI I 1,339
[314] FN I 638
[315] FN I 278
[316] FN I 250
[317] MI I 3, 499–503 Geistliche Briefe 202
[318] FN I 471
[319] A. Gagliardi, De plena cognitione Instituti SJ, De Oratione n. 7
[320] Nadal IV 675
[321] Albert Görres, Über die Gewissenserforschung nach der Weise des heiligen Ignatius von Loyola, GuL 29 (1956) 283–289; 287
[322] Exerzitien n. 43
[323] Nadal IV 674
[324] MI I 12, 630
[325] FN I 515
[326] FN I 506
[327] H. Rahner, Mensch und Theologe 150 f.
[328] ebd. 152
[329] FN I 391
[330] MI I 9, 626

In der Reihe
«Gotteserfahrung und Weg in die Welt»
sind bisher erschienen:

Ulrich Dobhan
TERESA VON AVILA

Heinrich Schipperges
HILDEGARD VON BINGEN

Johannes Boldt
JOHANNES VOM KREUZ

Dietmar Mieth
MEISTER ECKHART

Hans Norbert Janowski
GEERT GROOTE,
THOMAS VON KEMPEN
UND DIE DEVOTIO MODERNA

Louise Gnädinger
CATERINA VON SIENA

Walter-Verlag